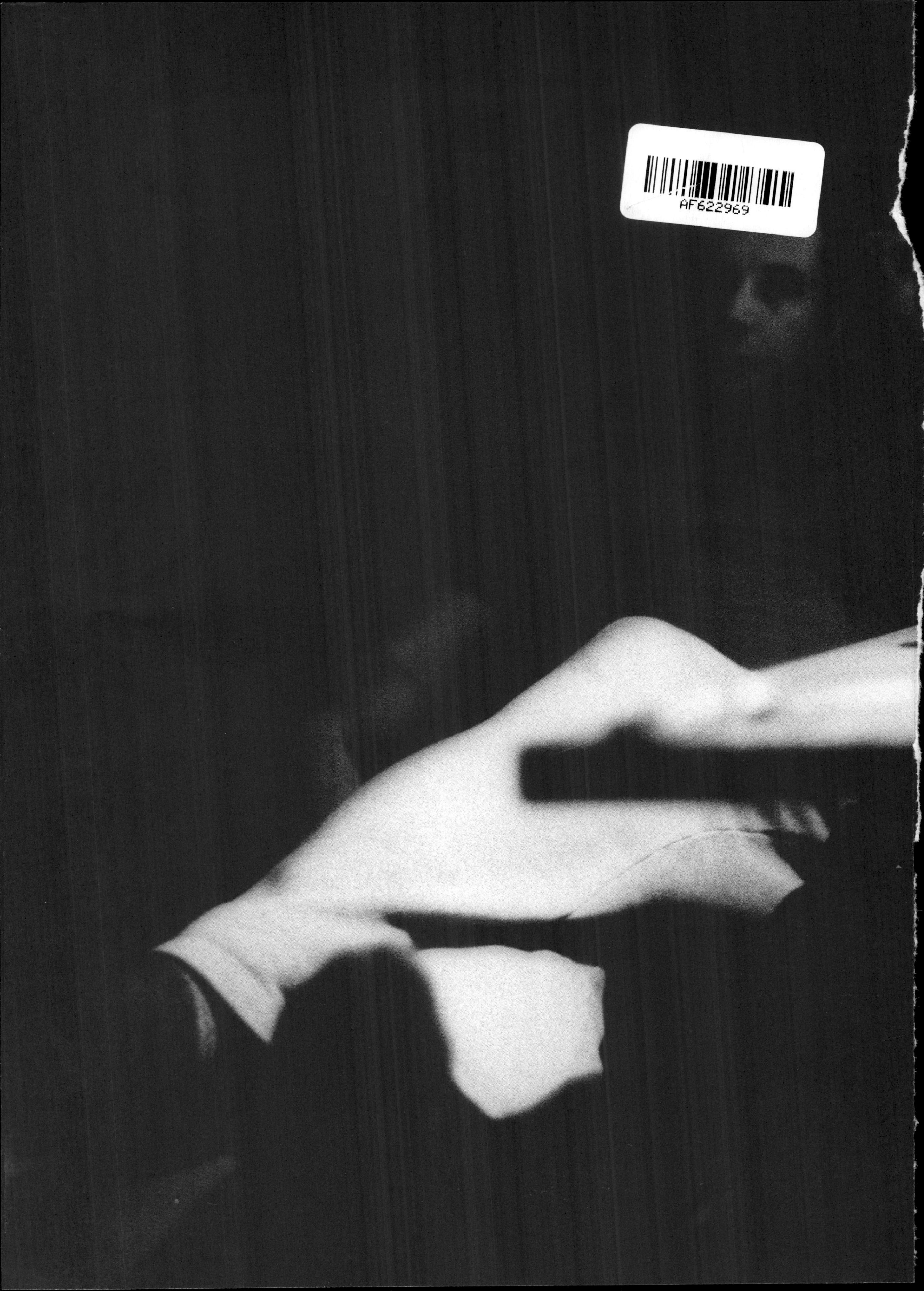

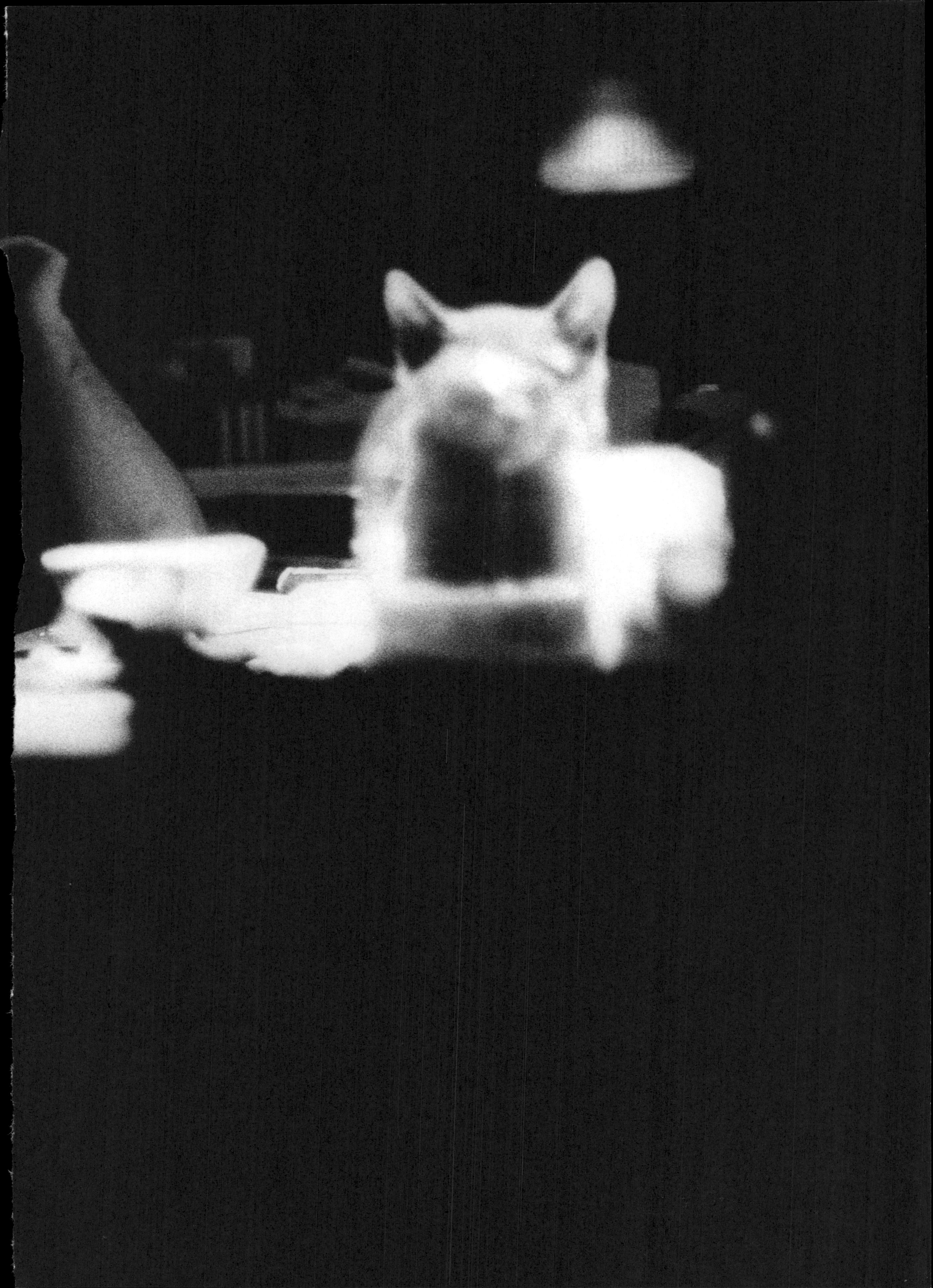

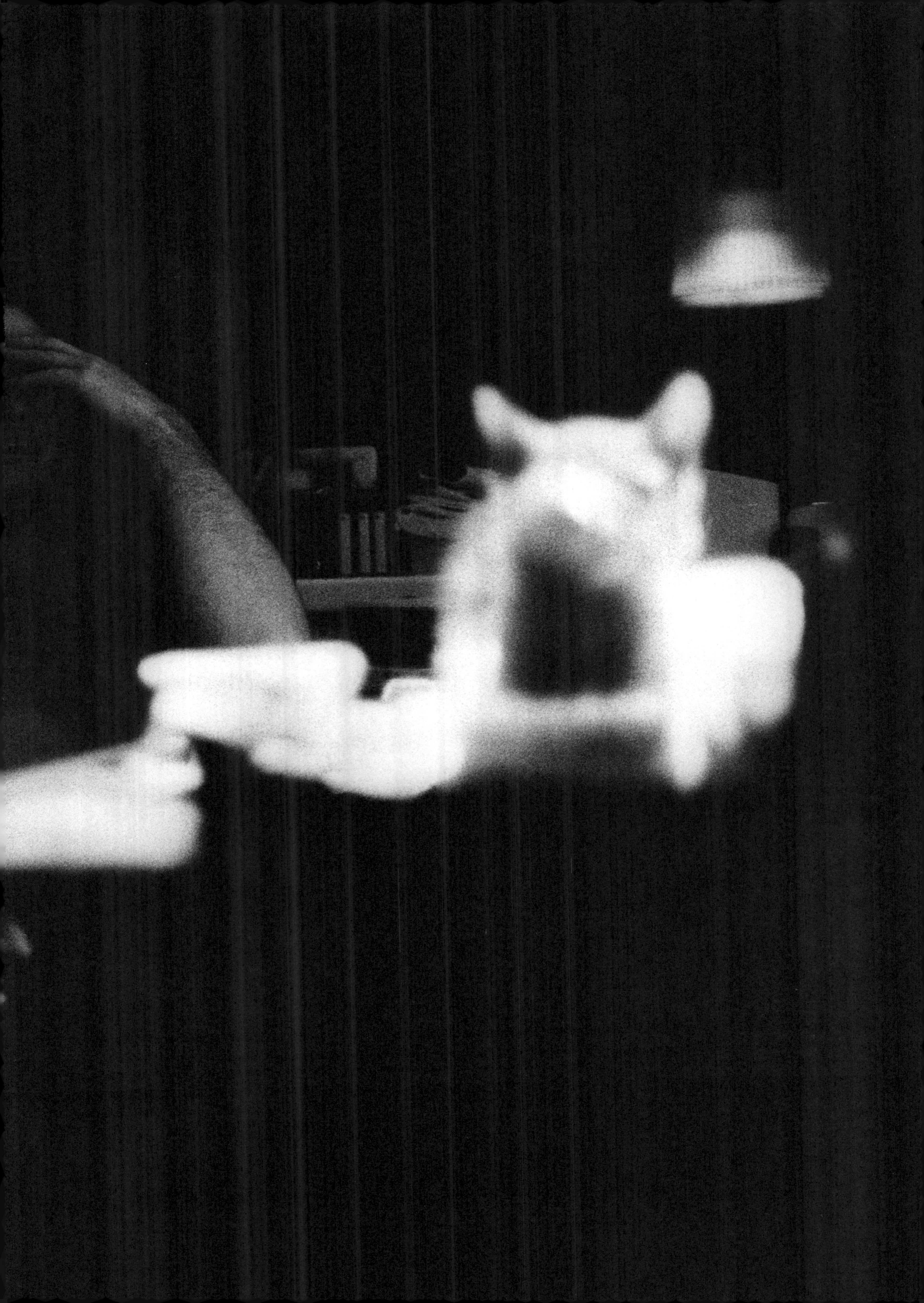

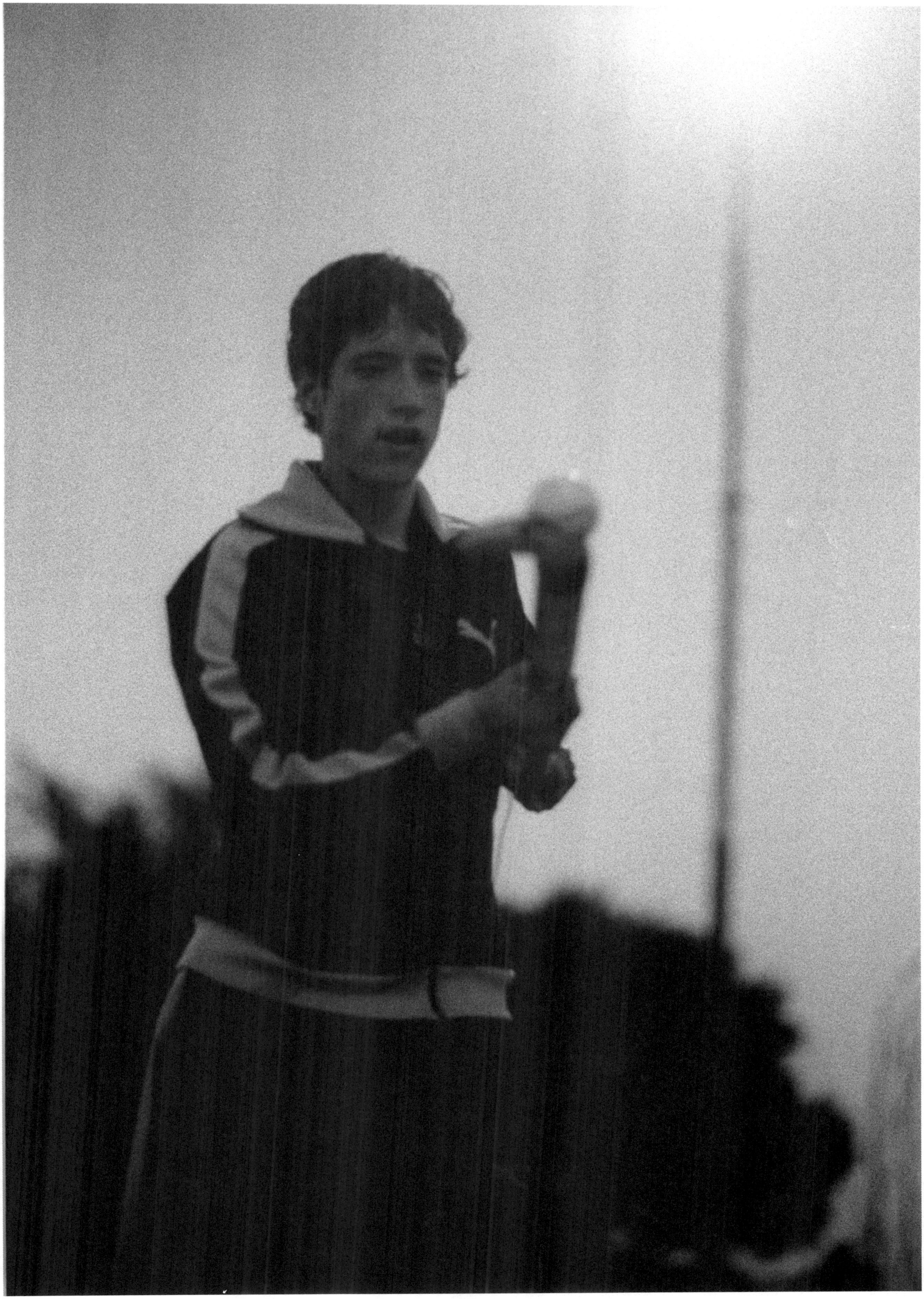

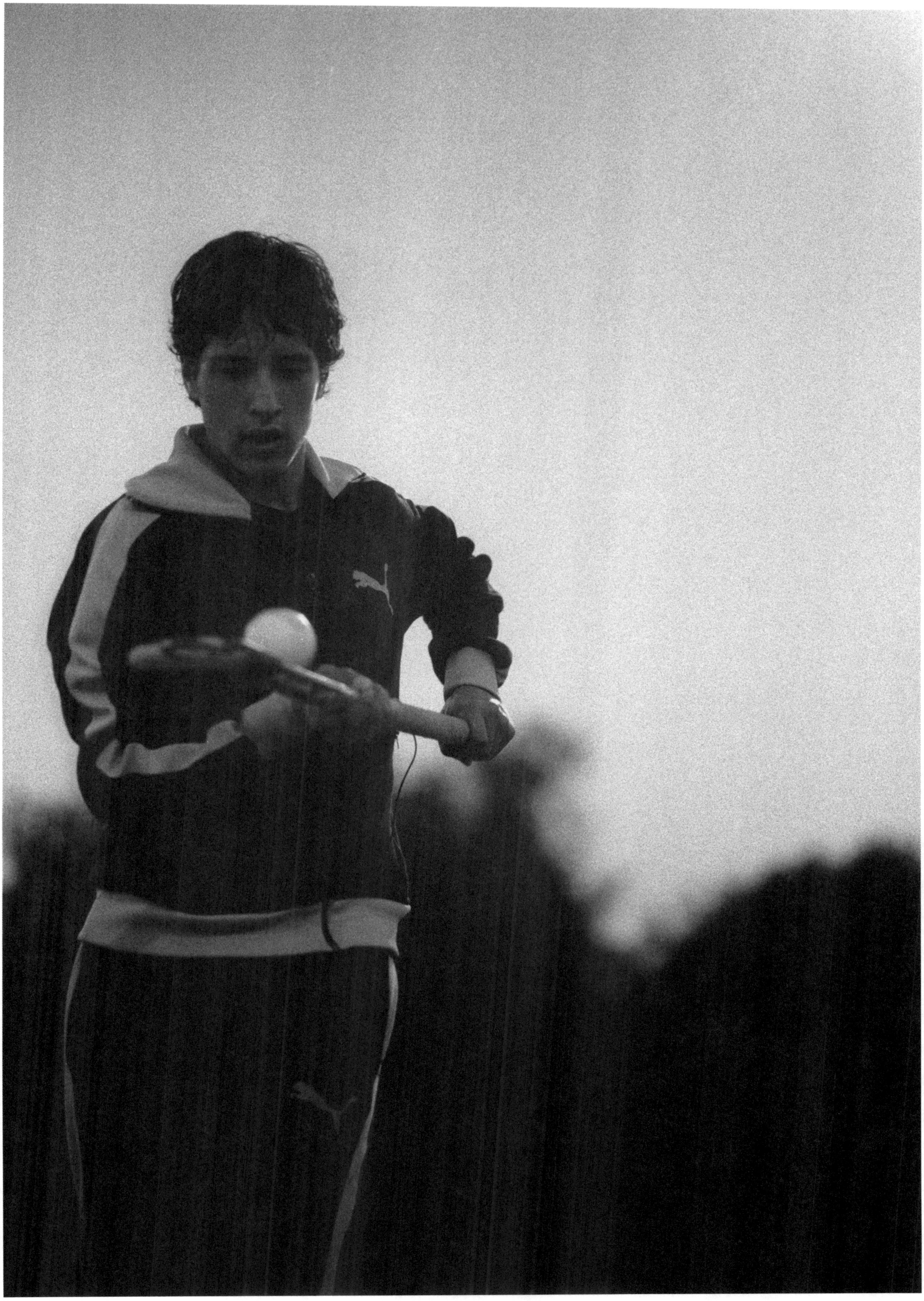

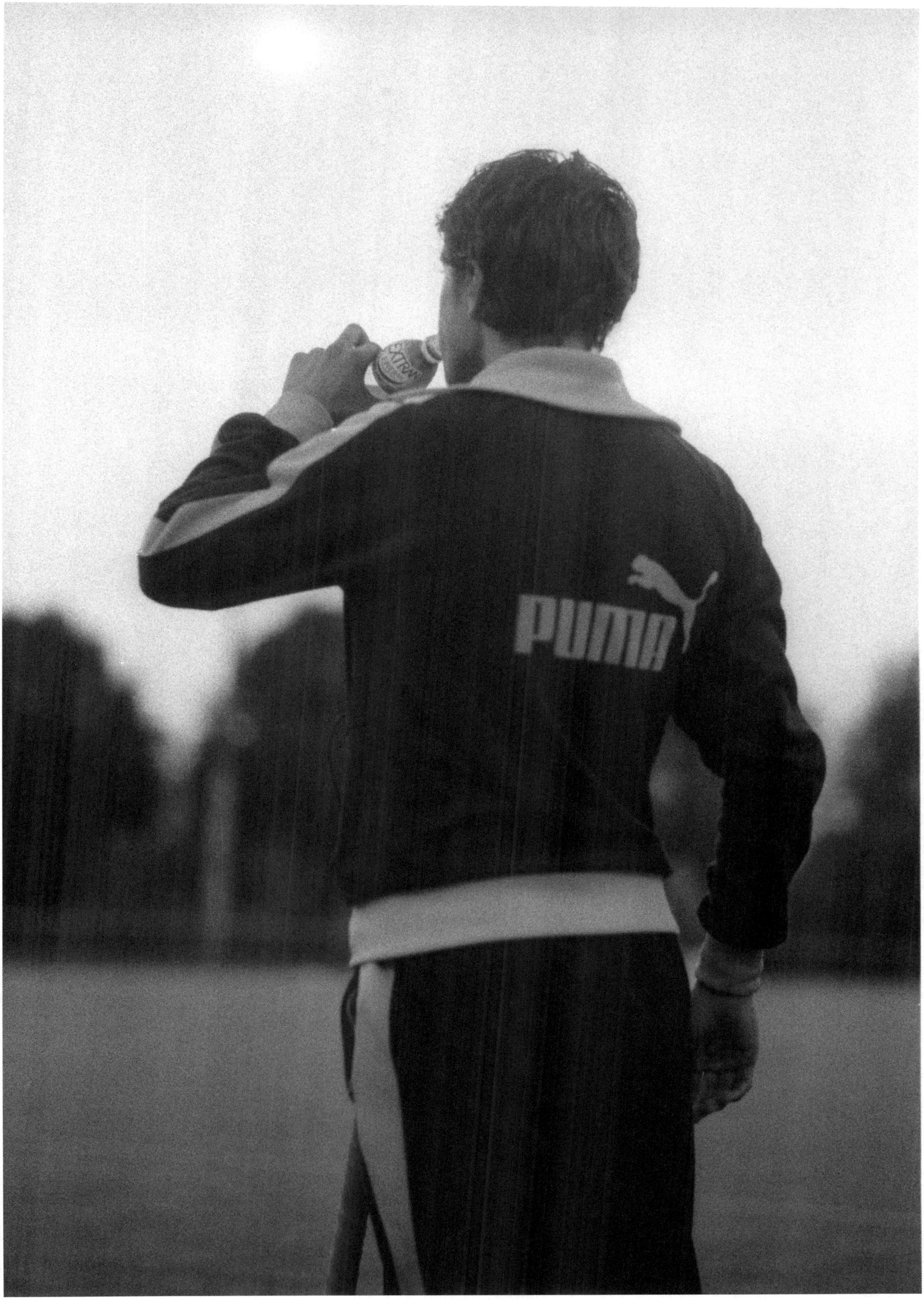
PUMA

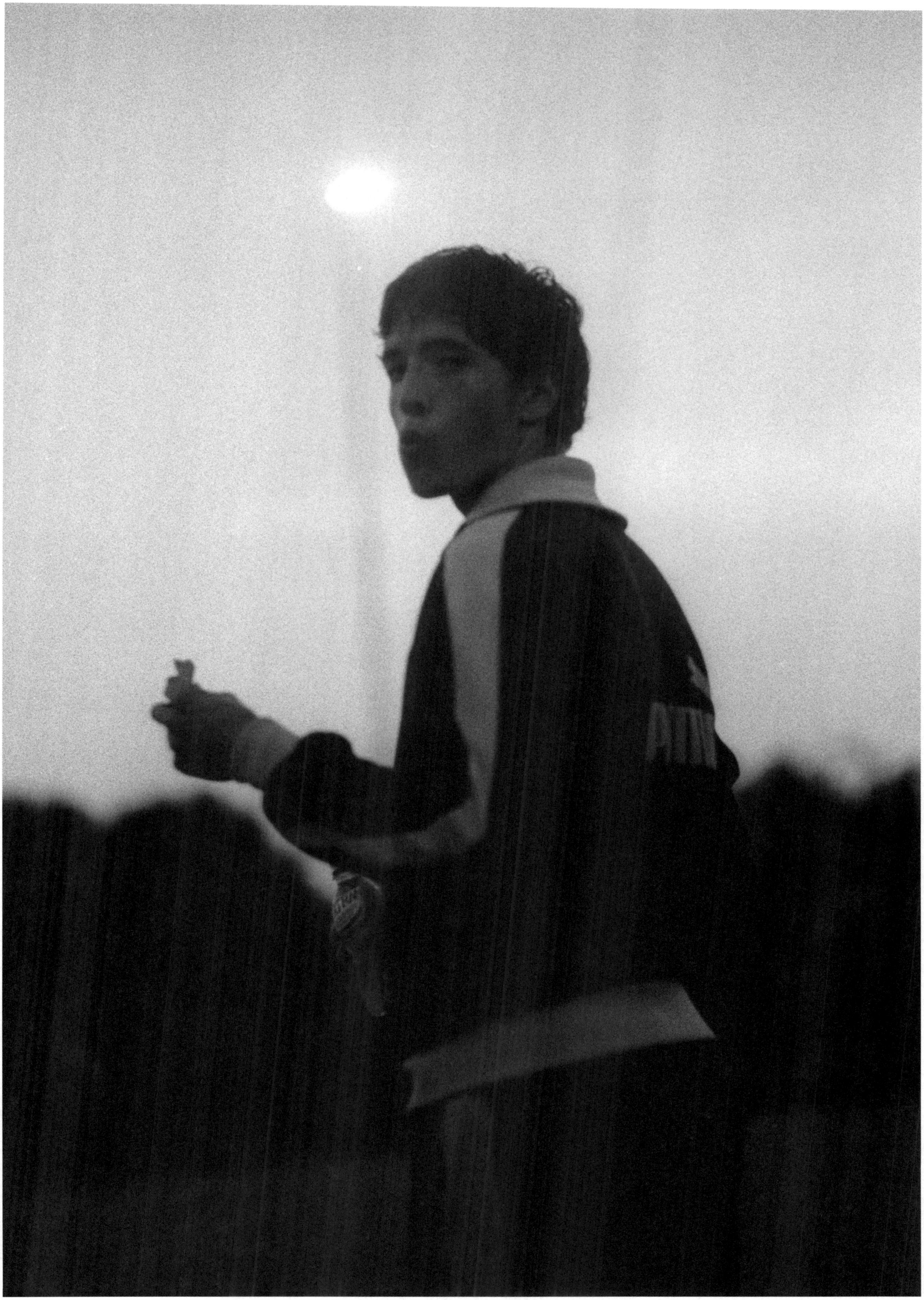

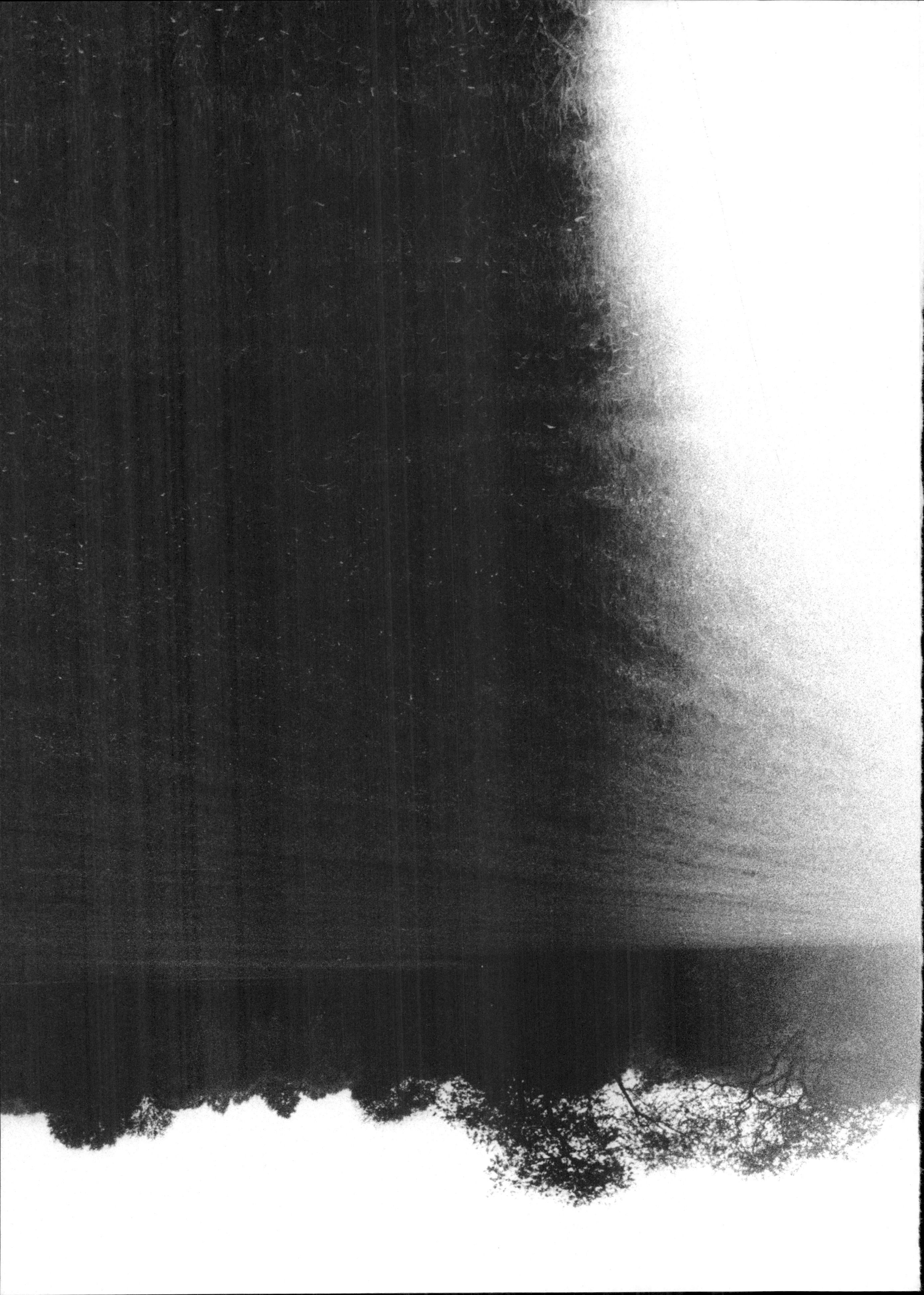

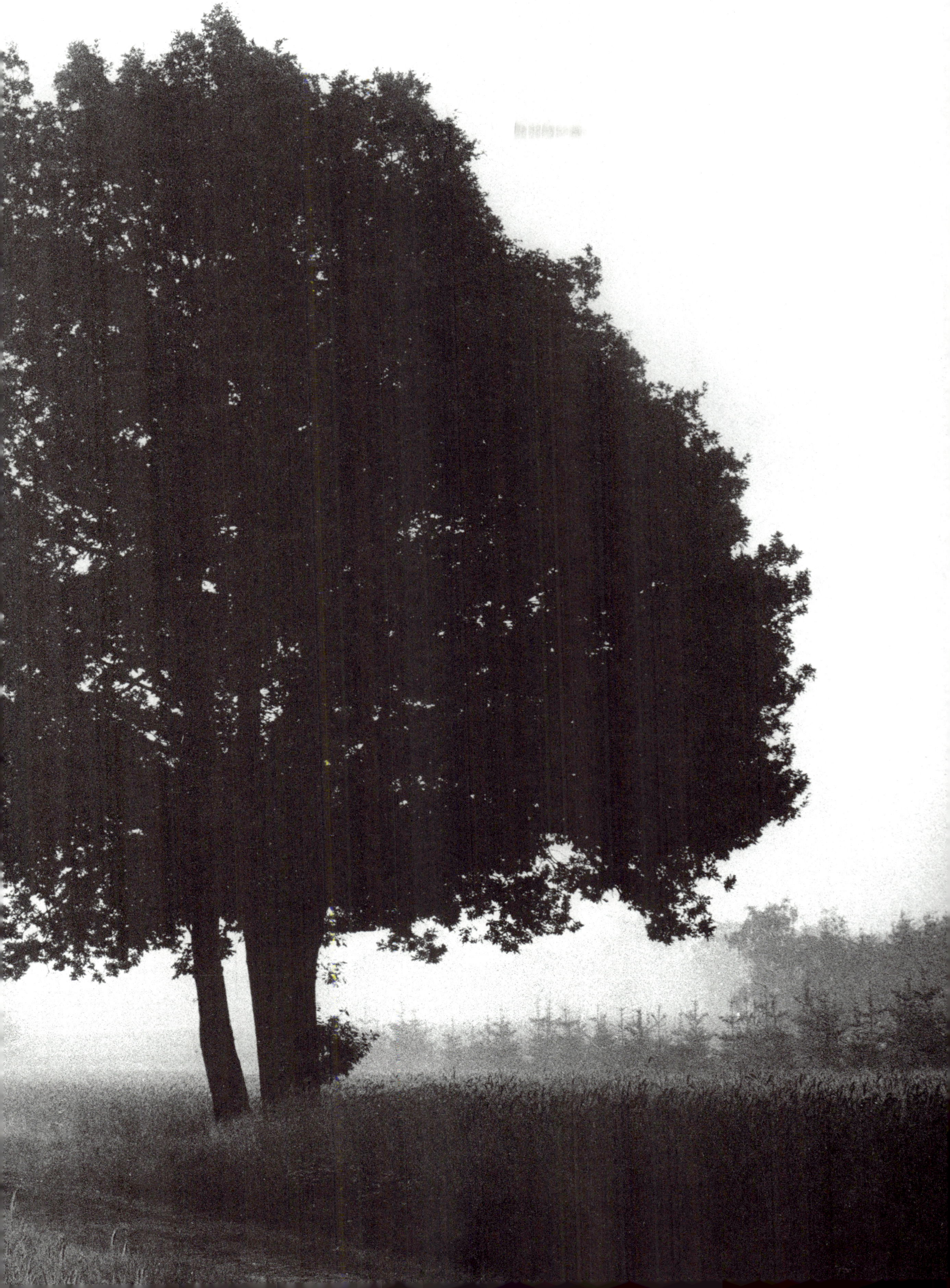

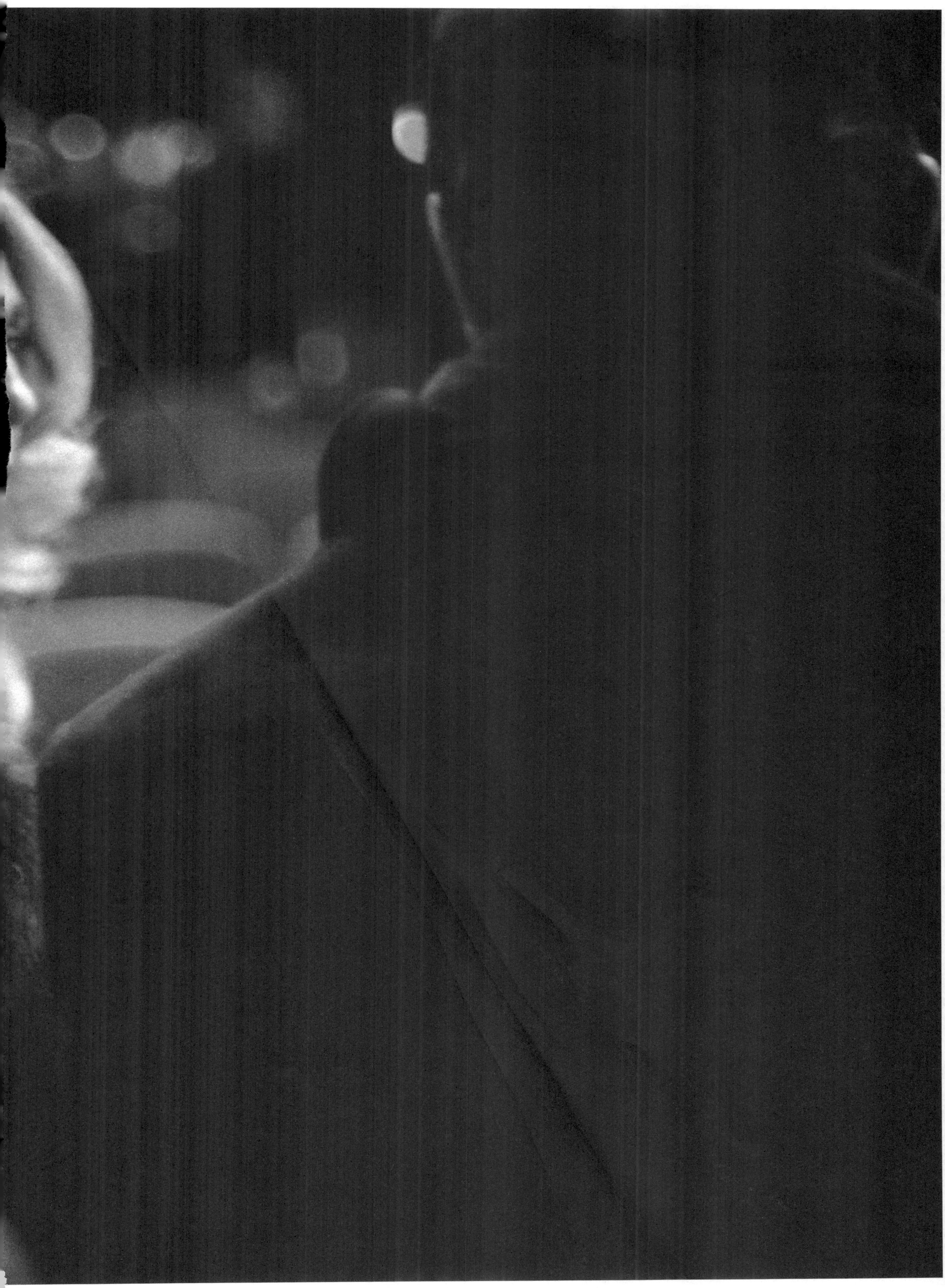

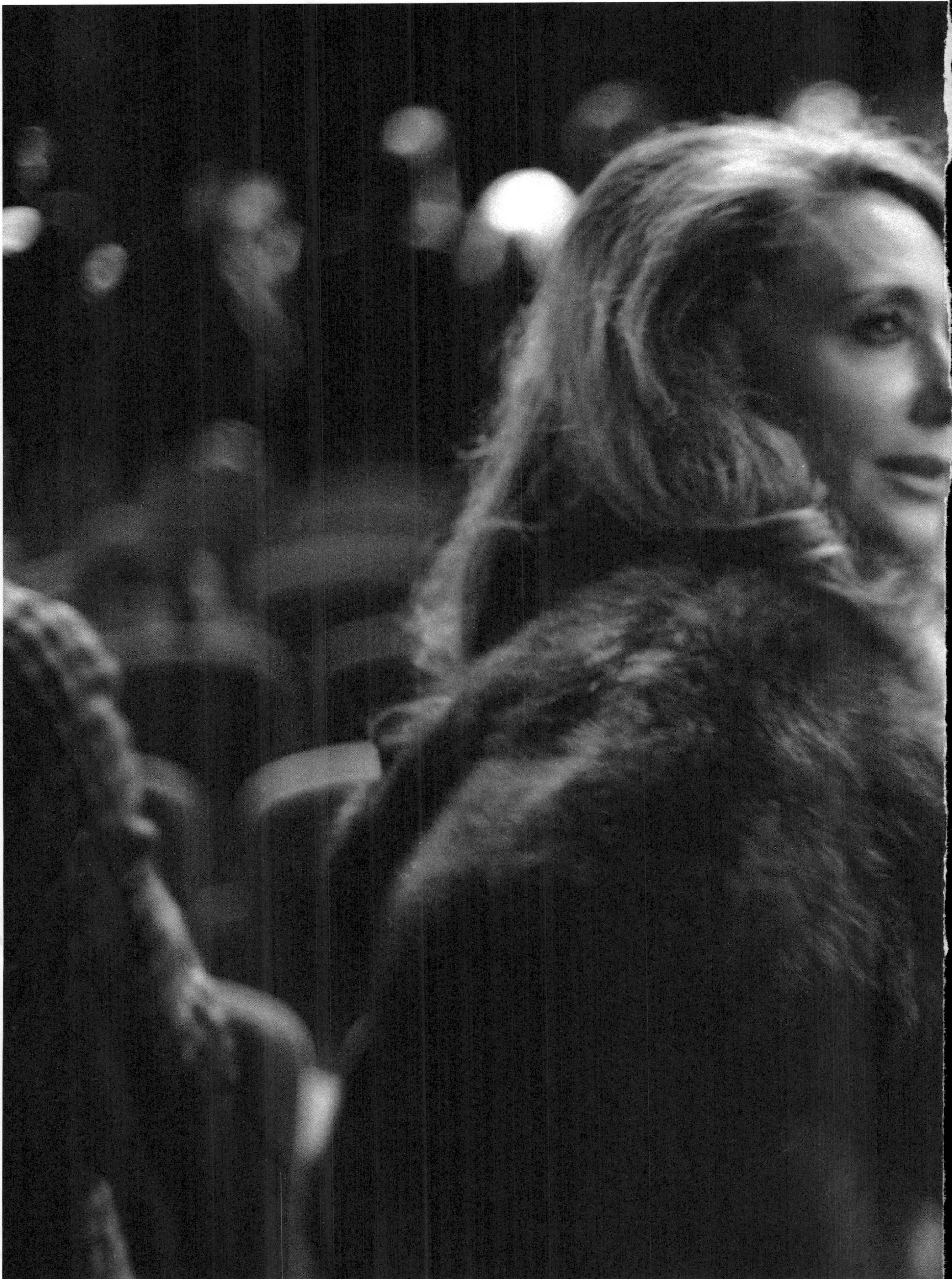

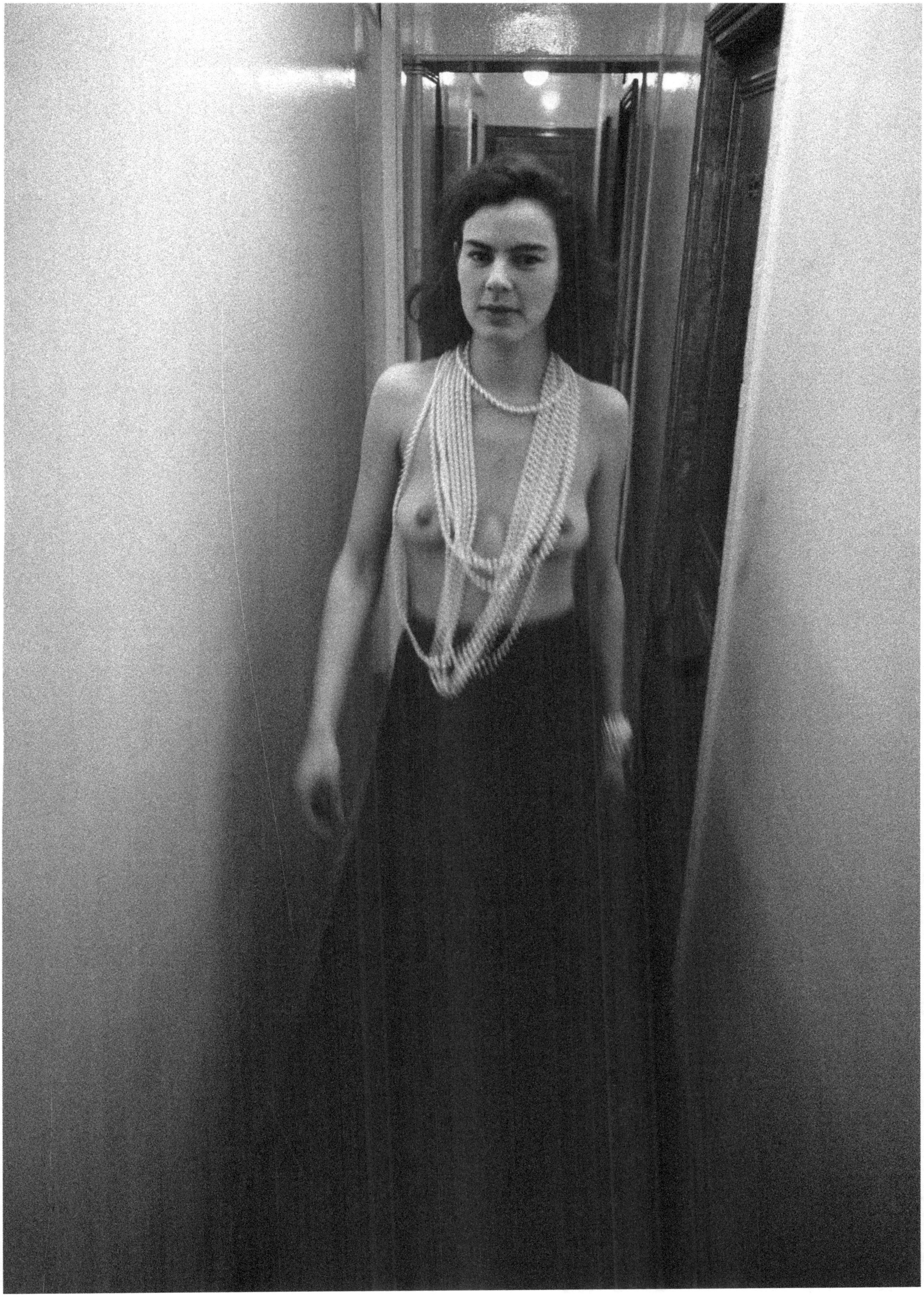

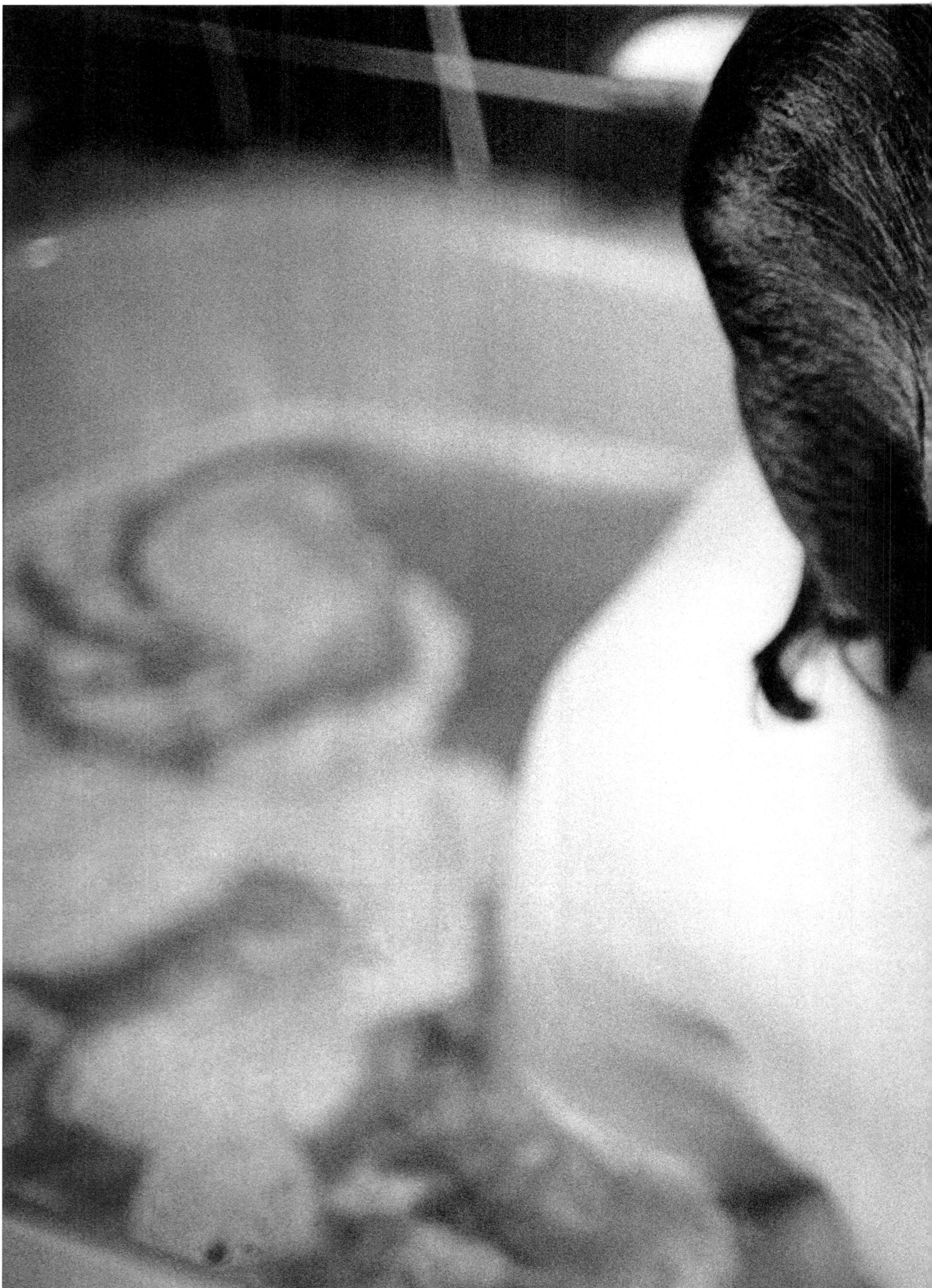

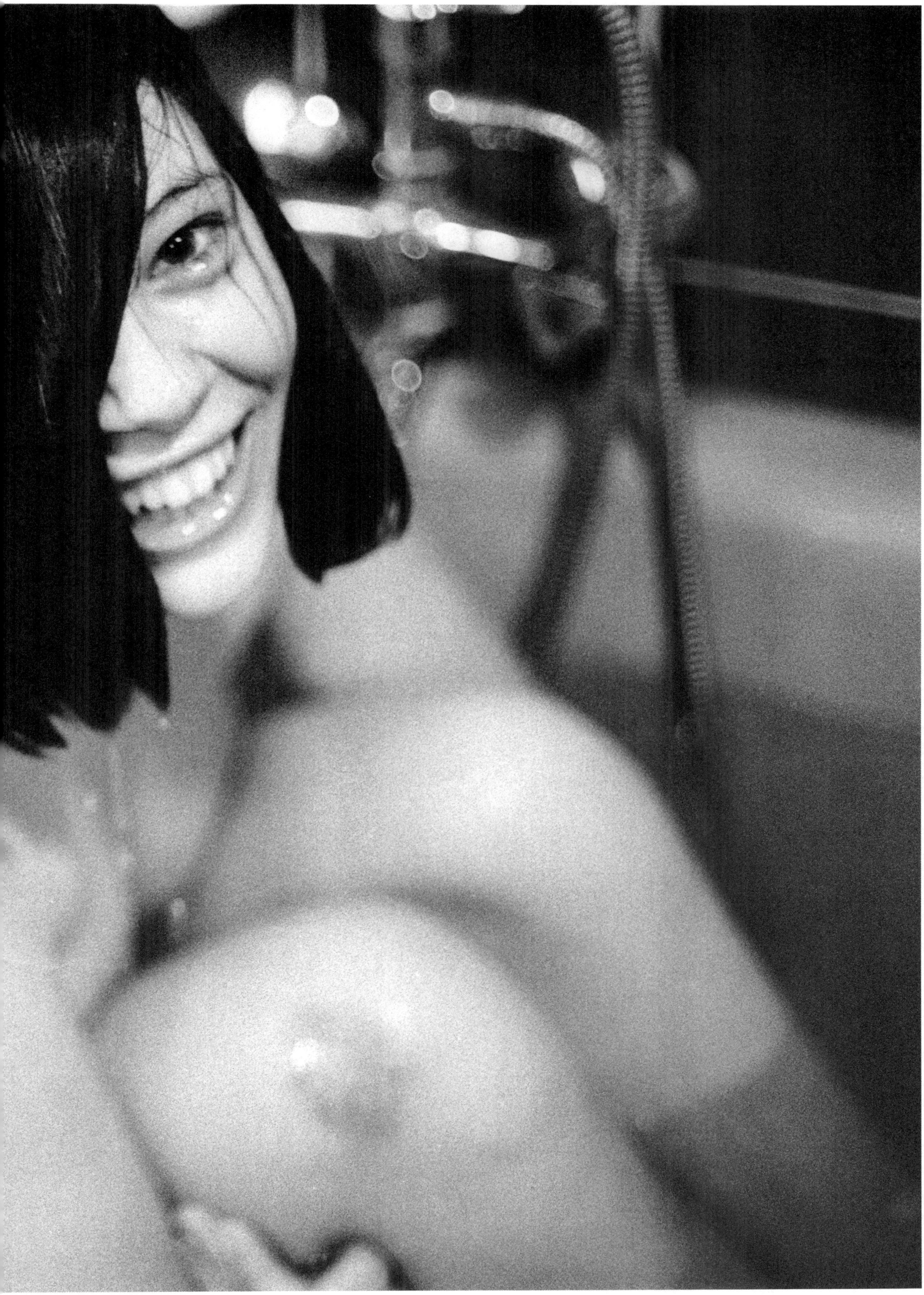

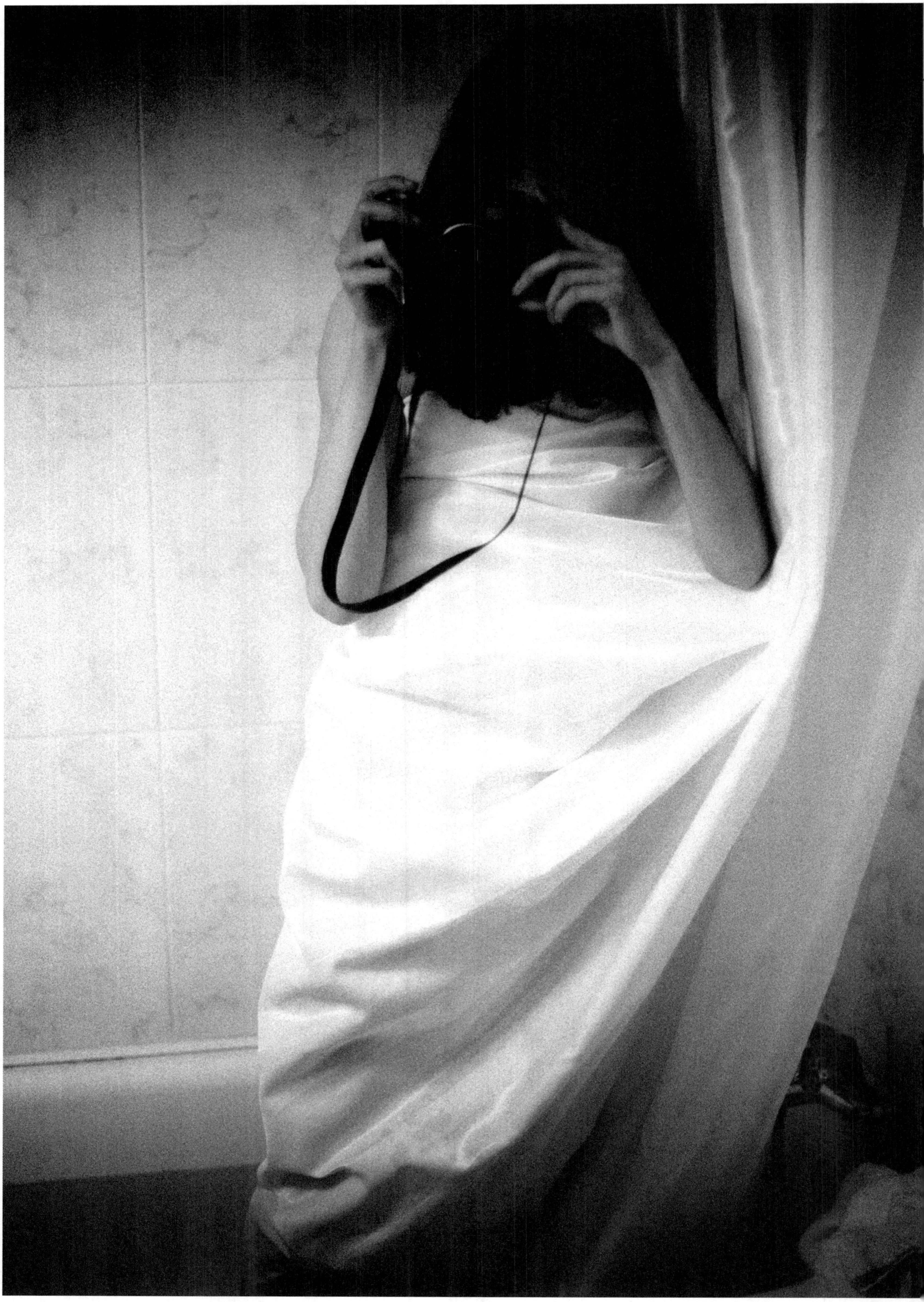

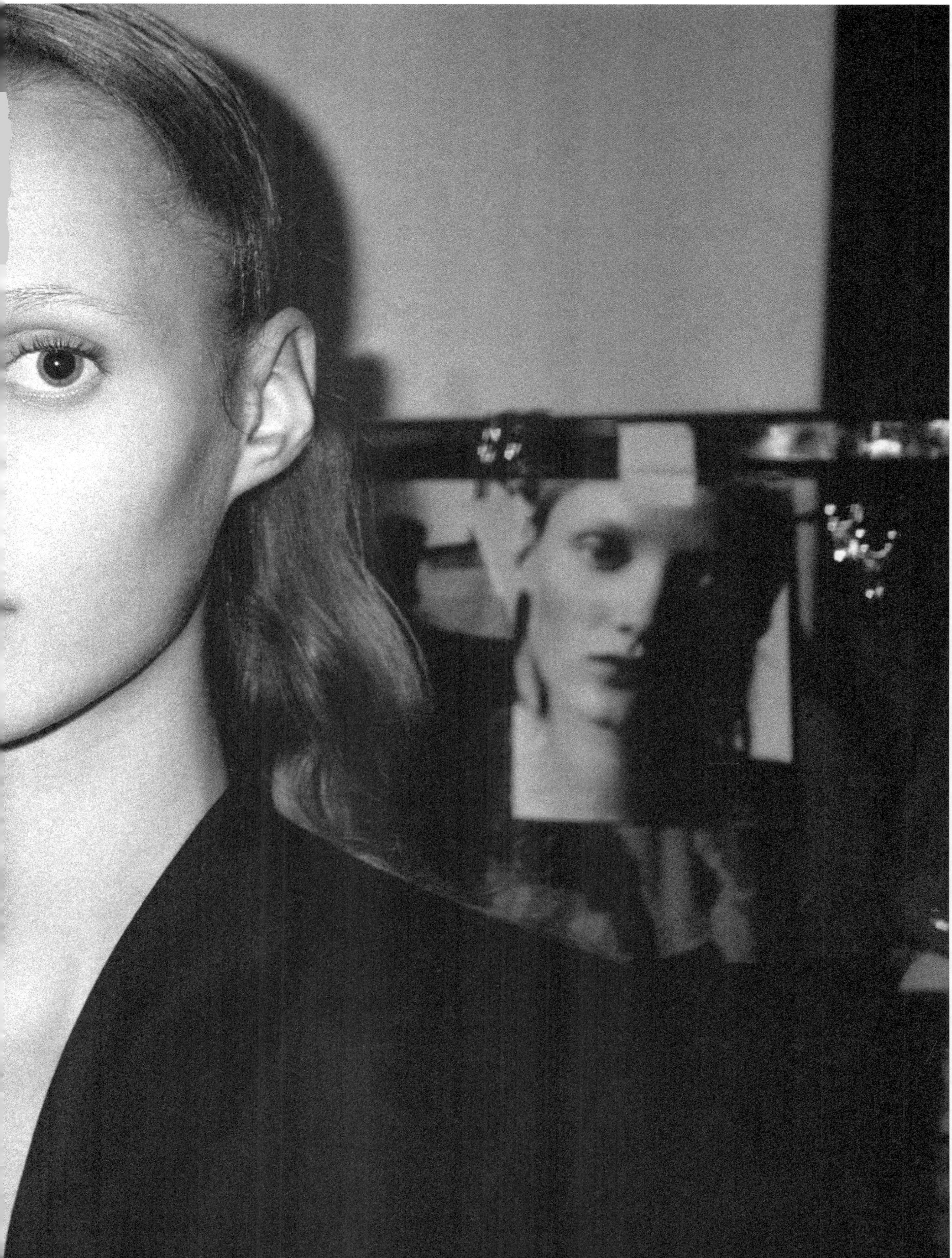

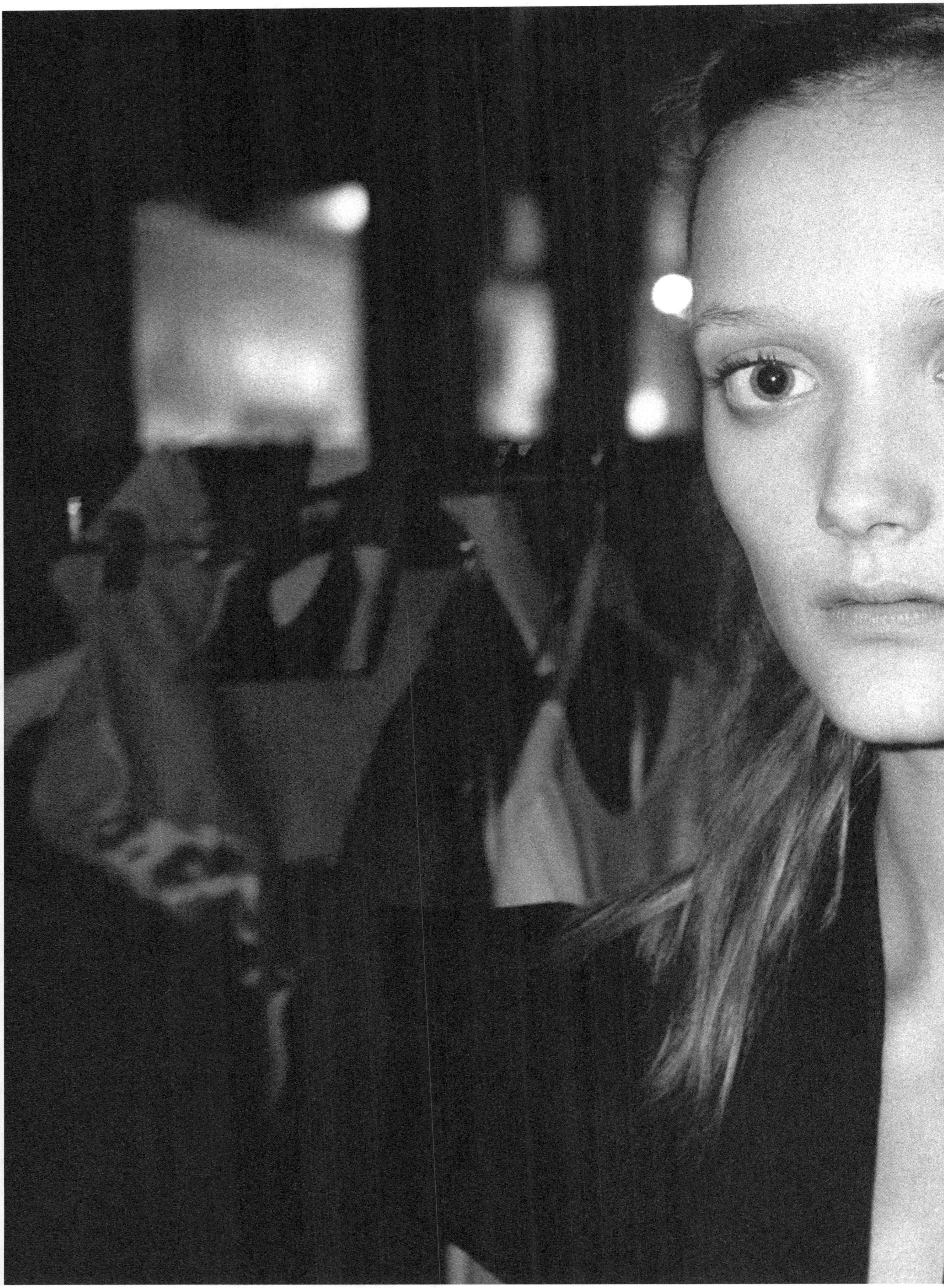

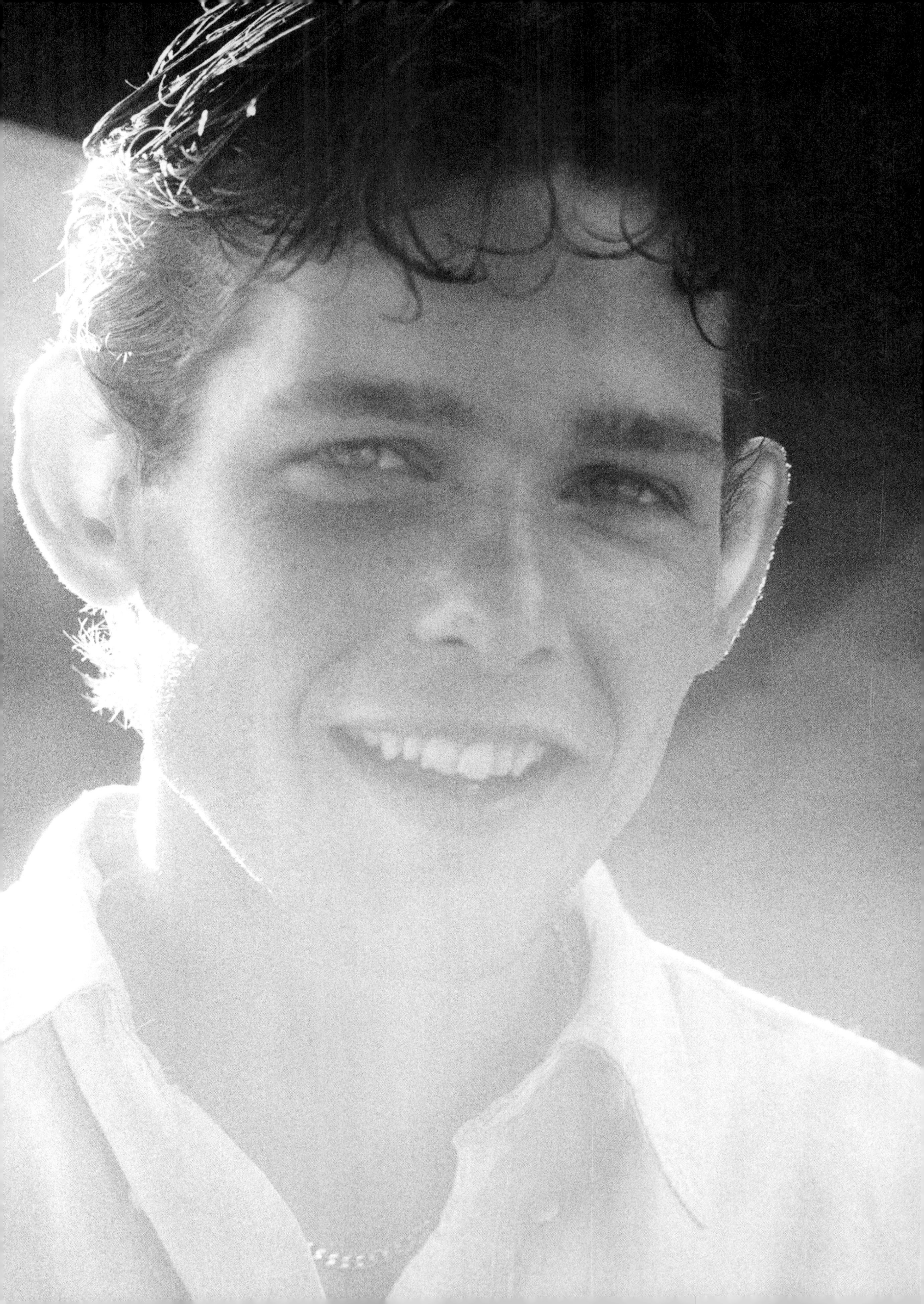

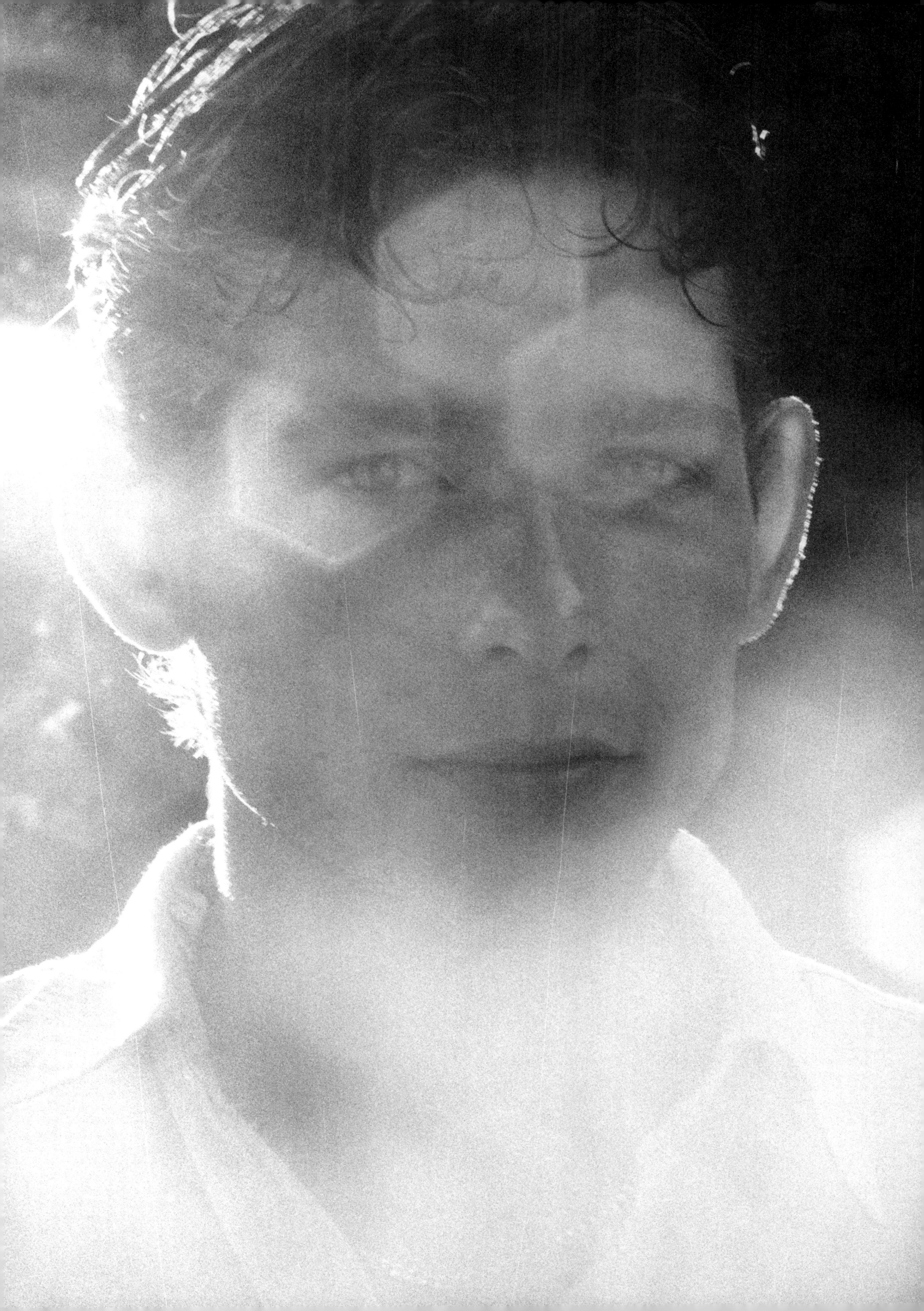

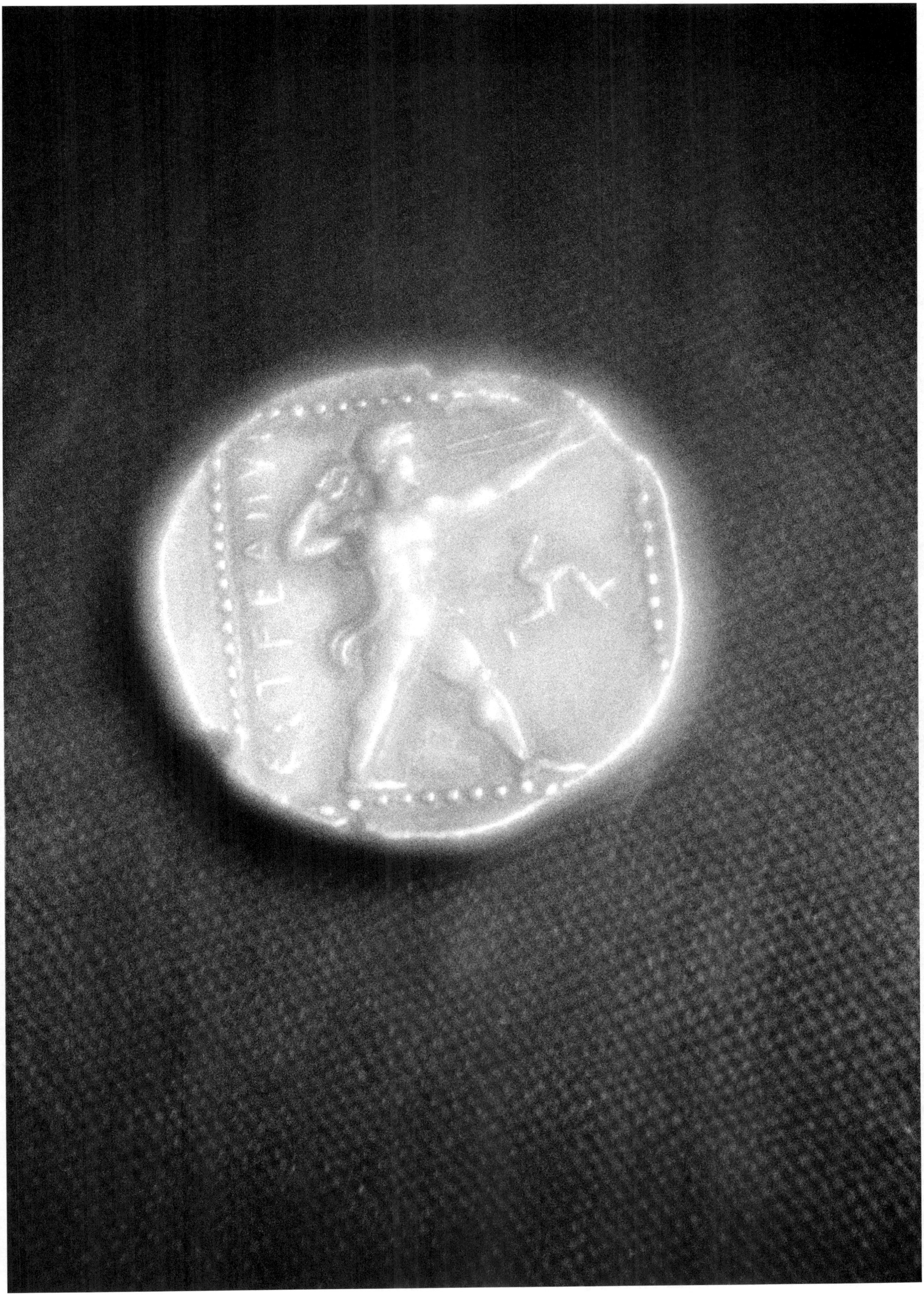

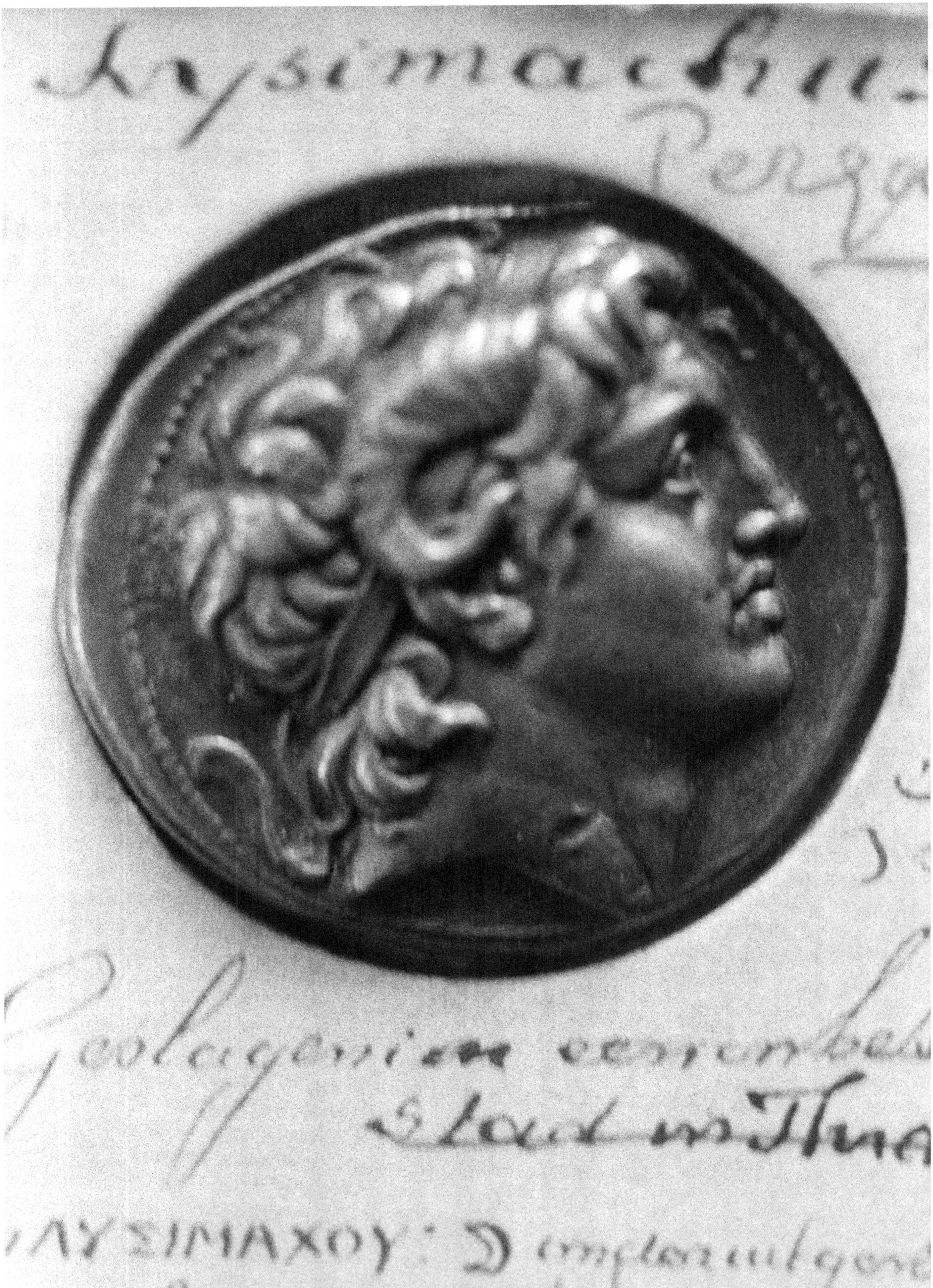
Lysimachu
ΛΥΣΙΜΑΧΟΥ

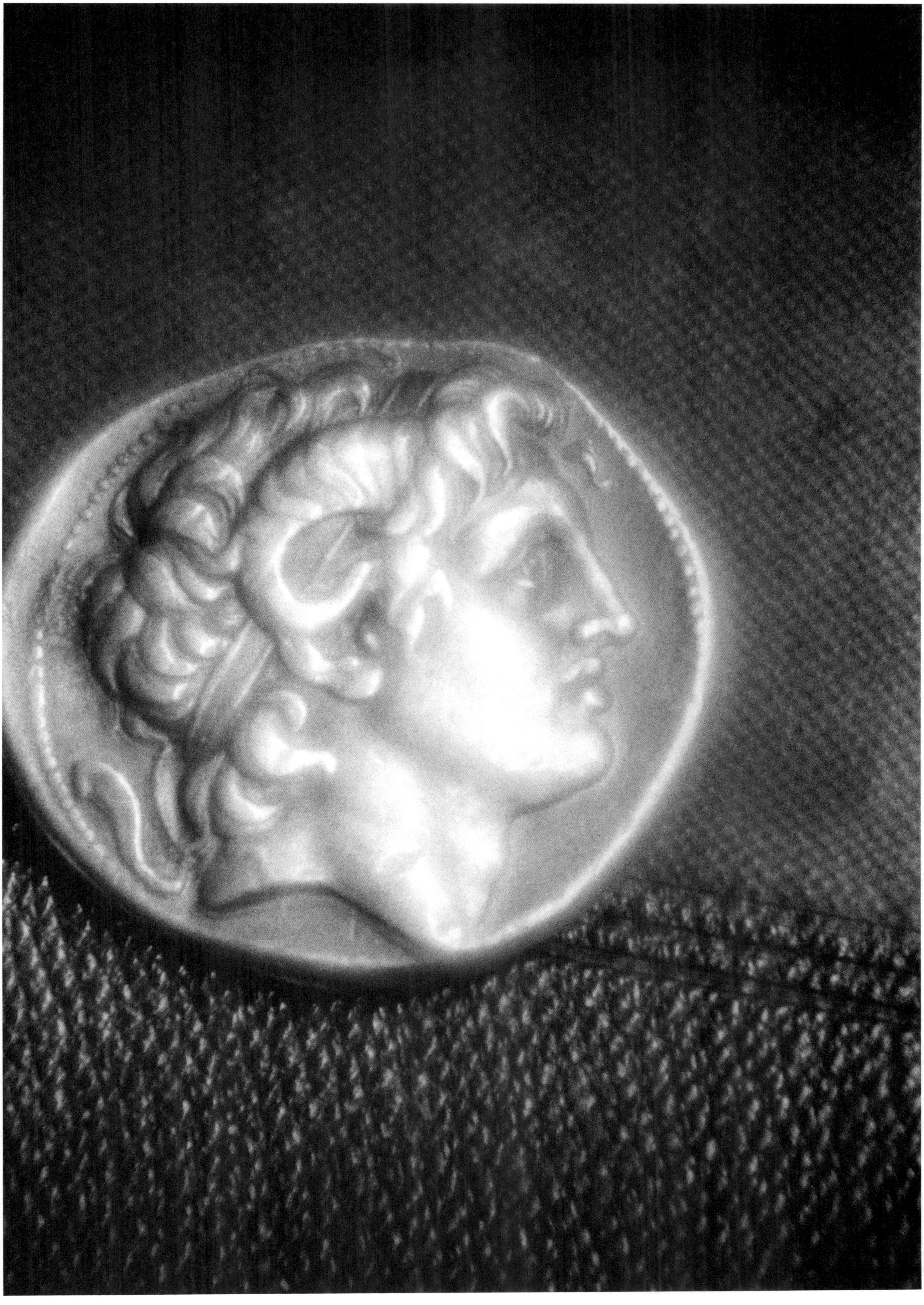

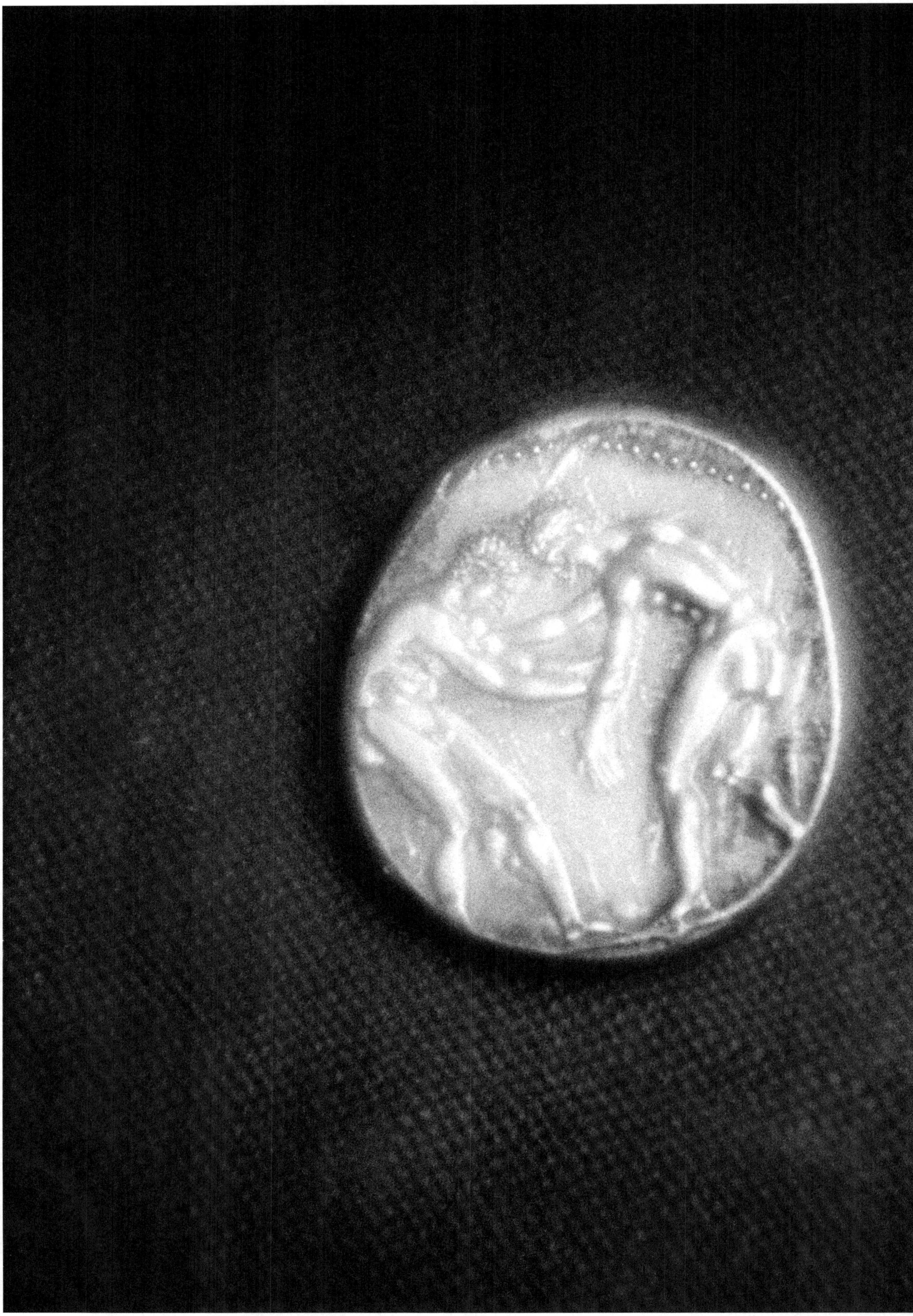

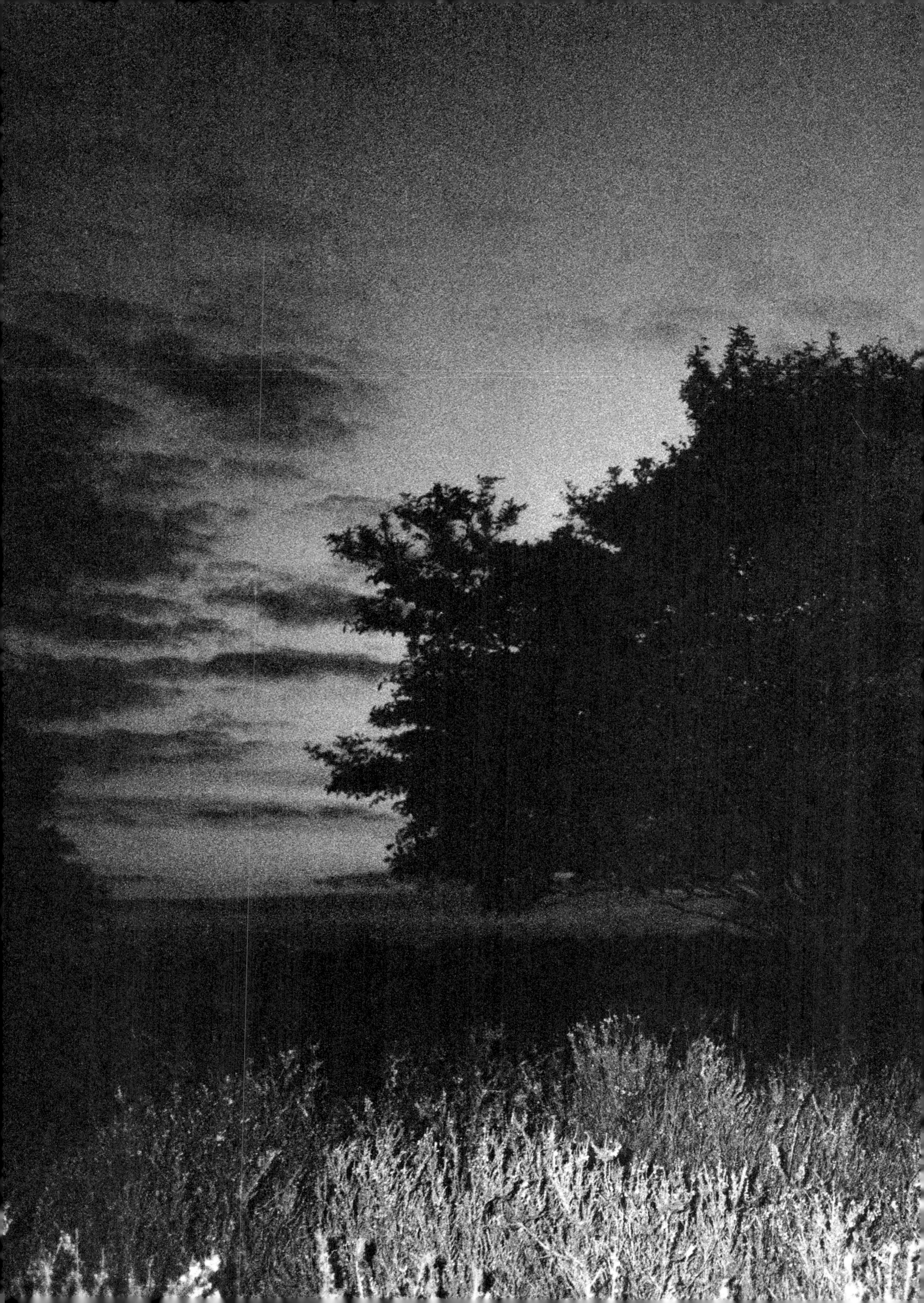

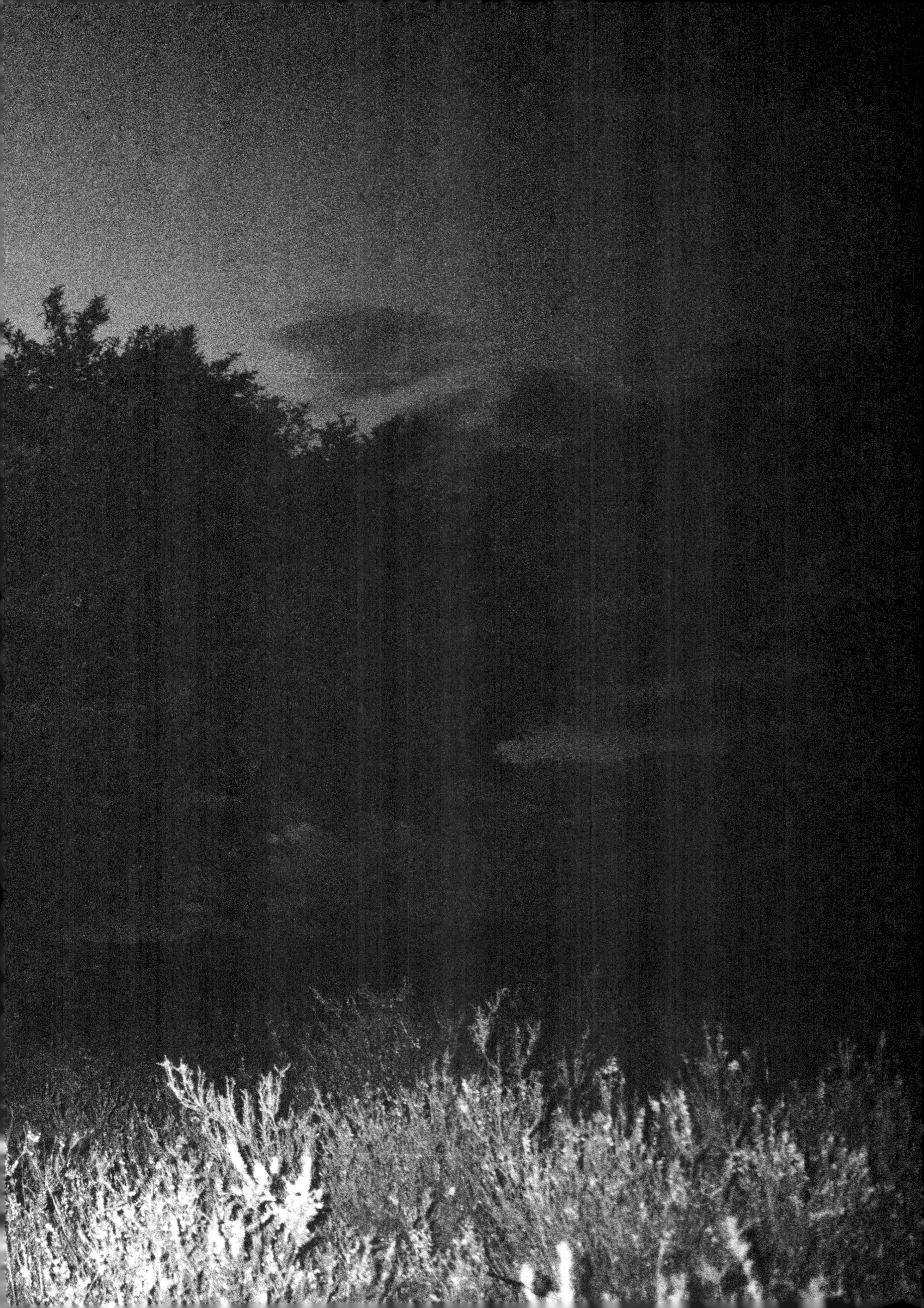

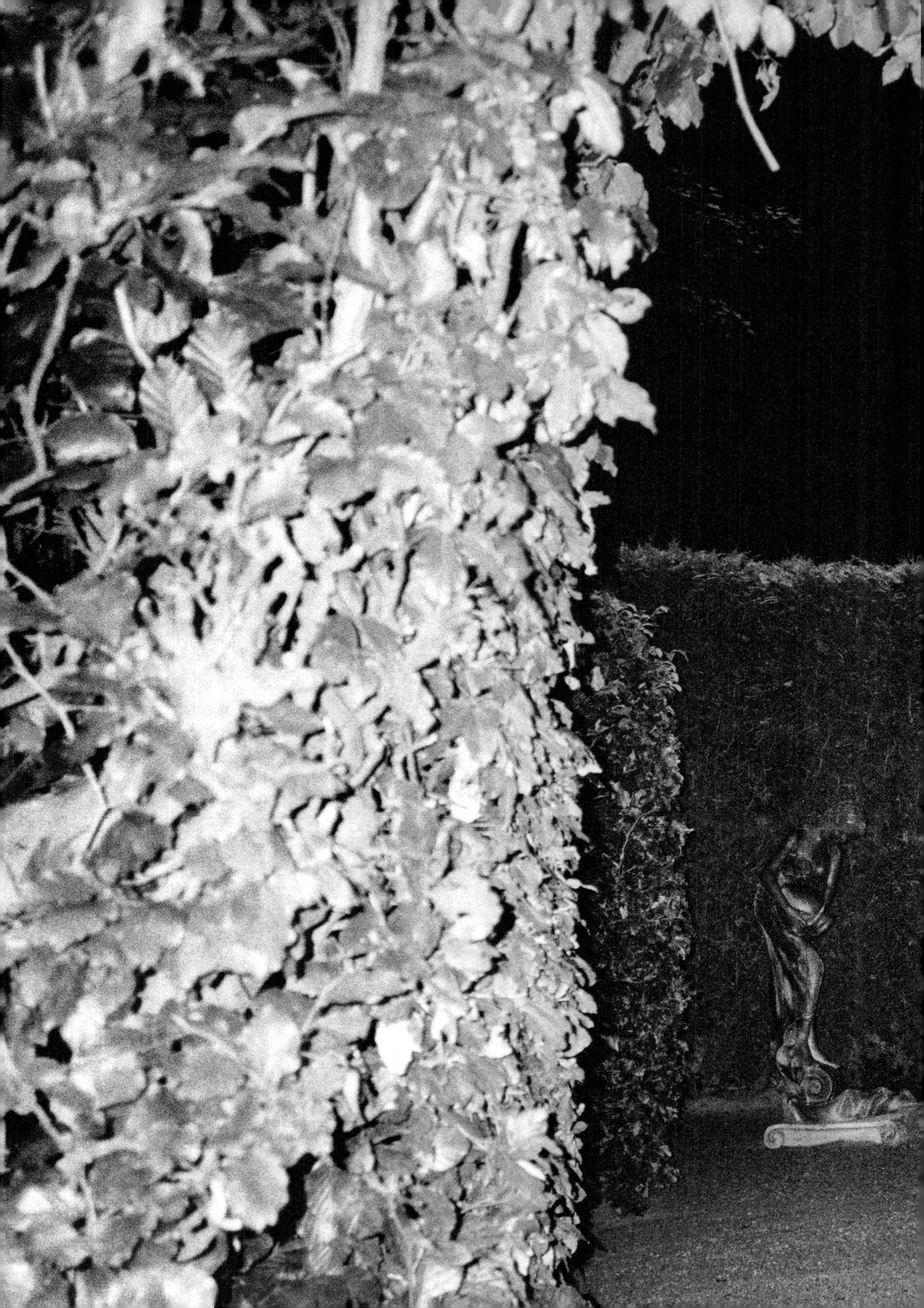

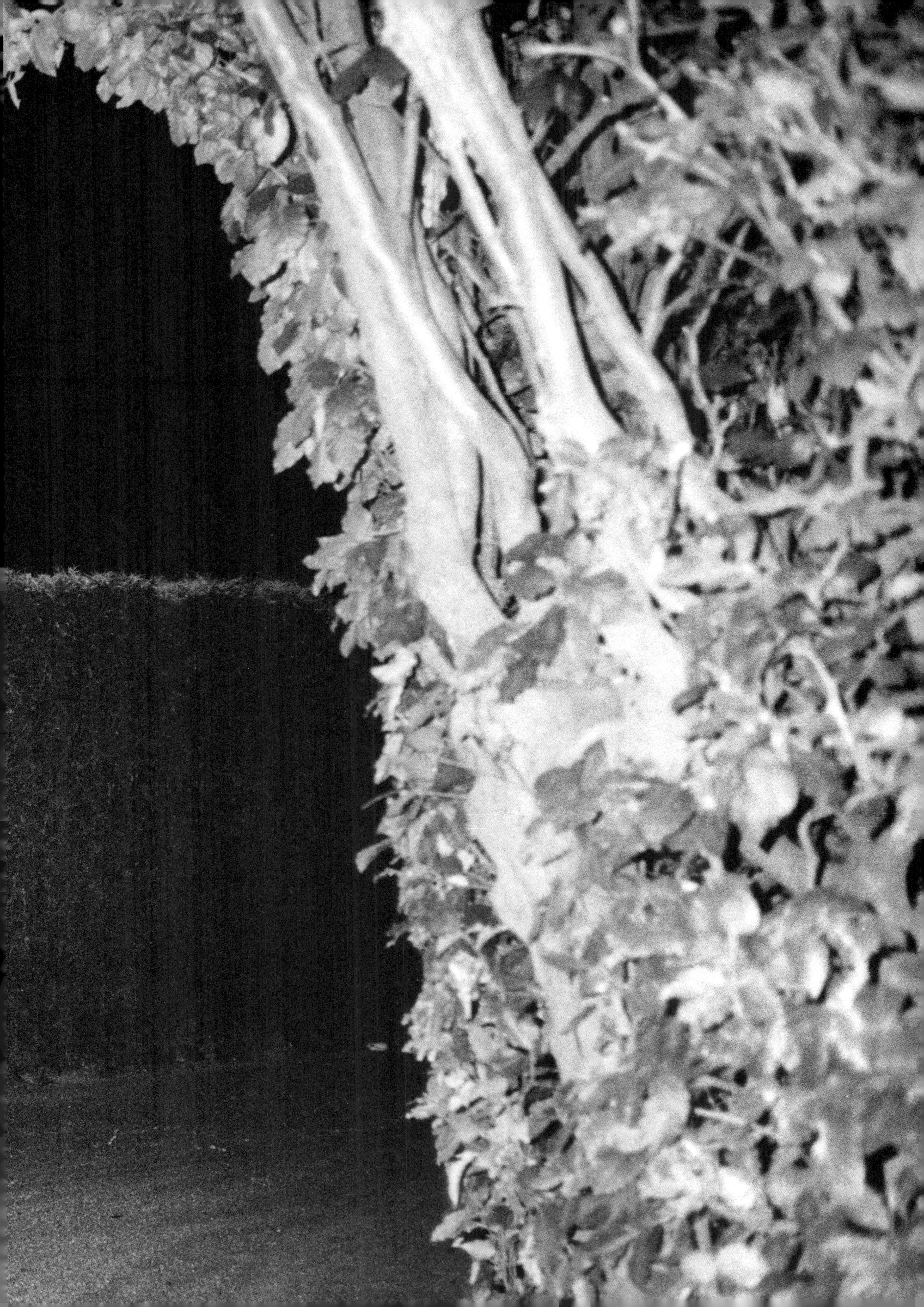

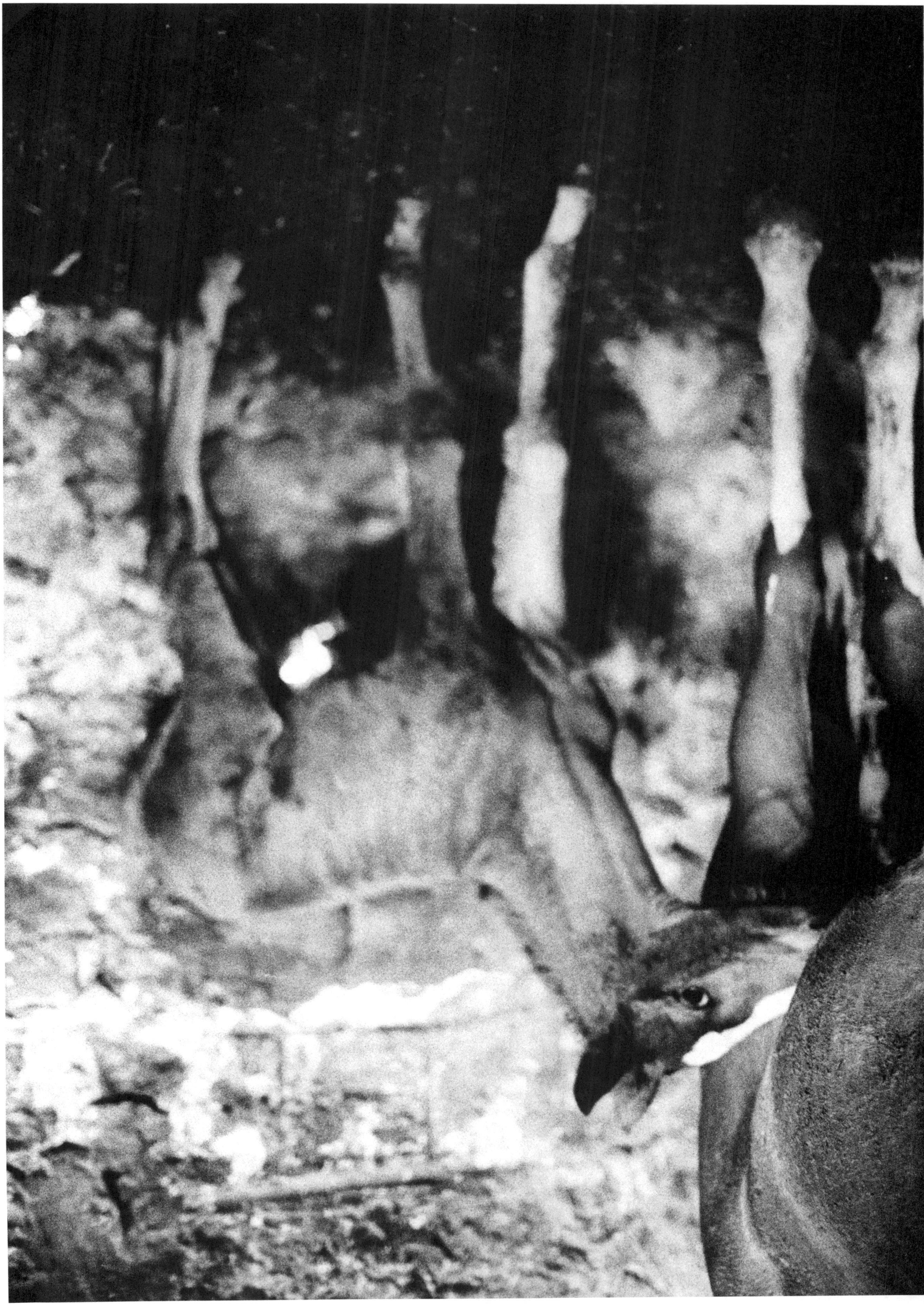

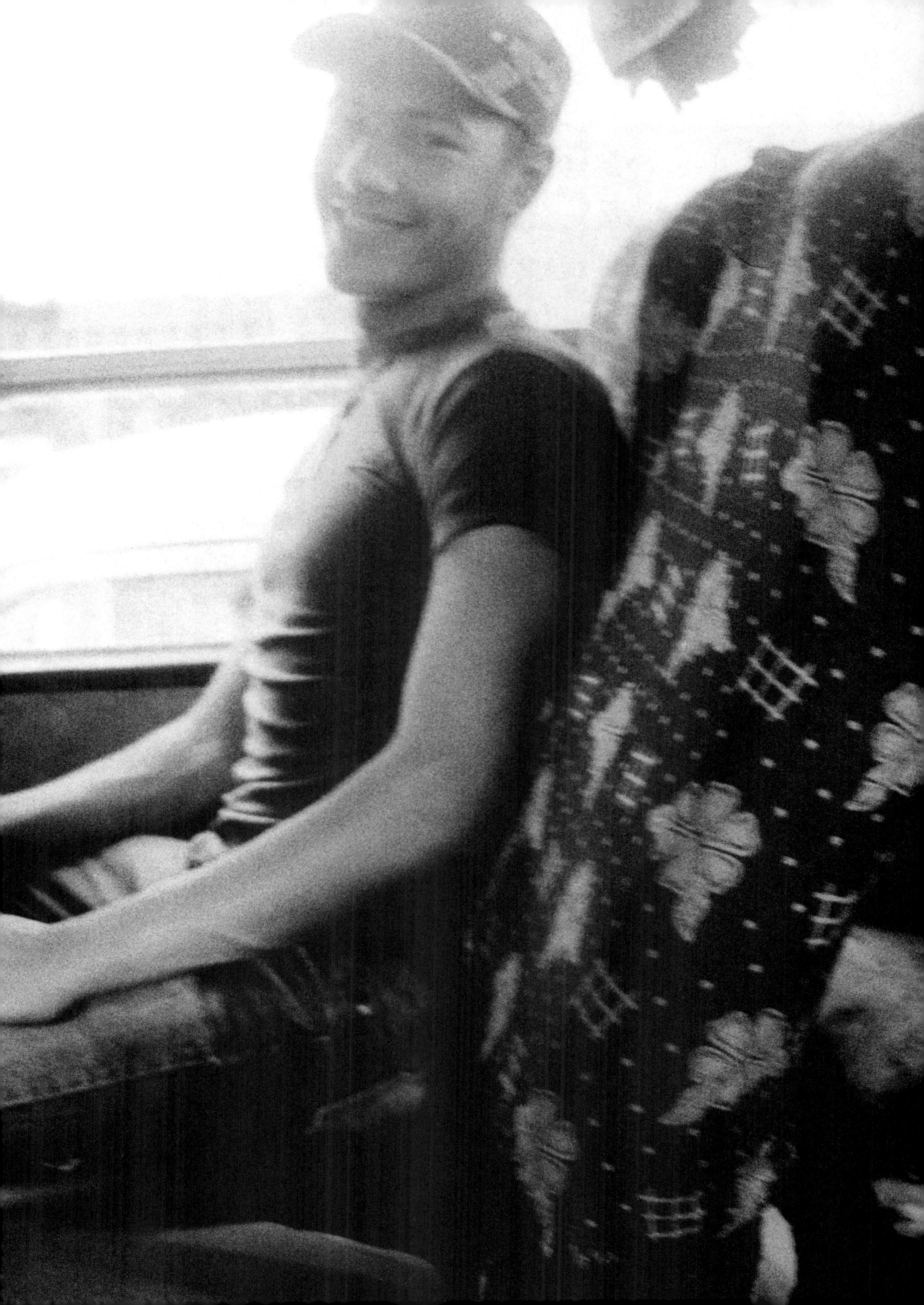

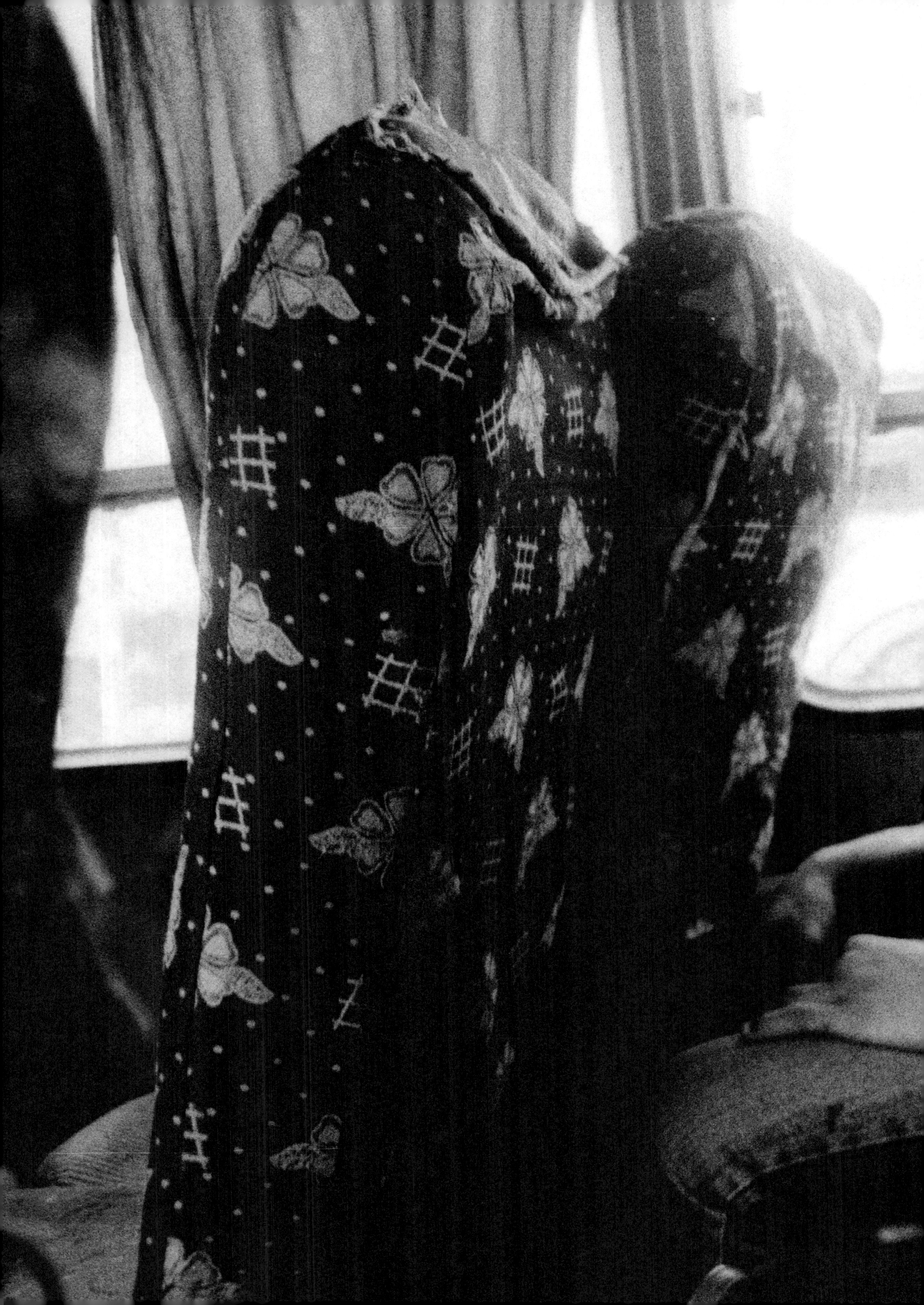

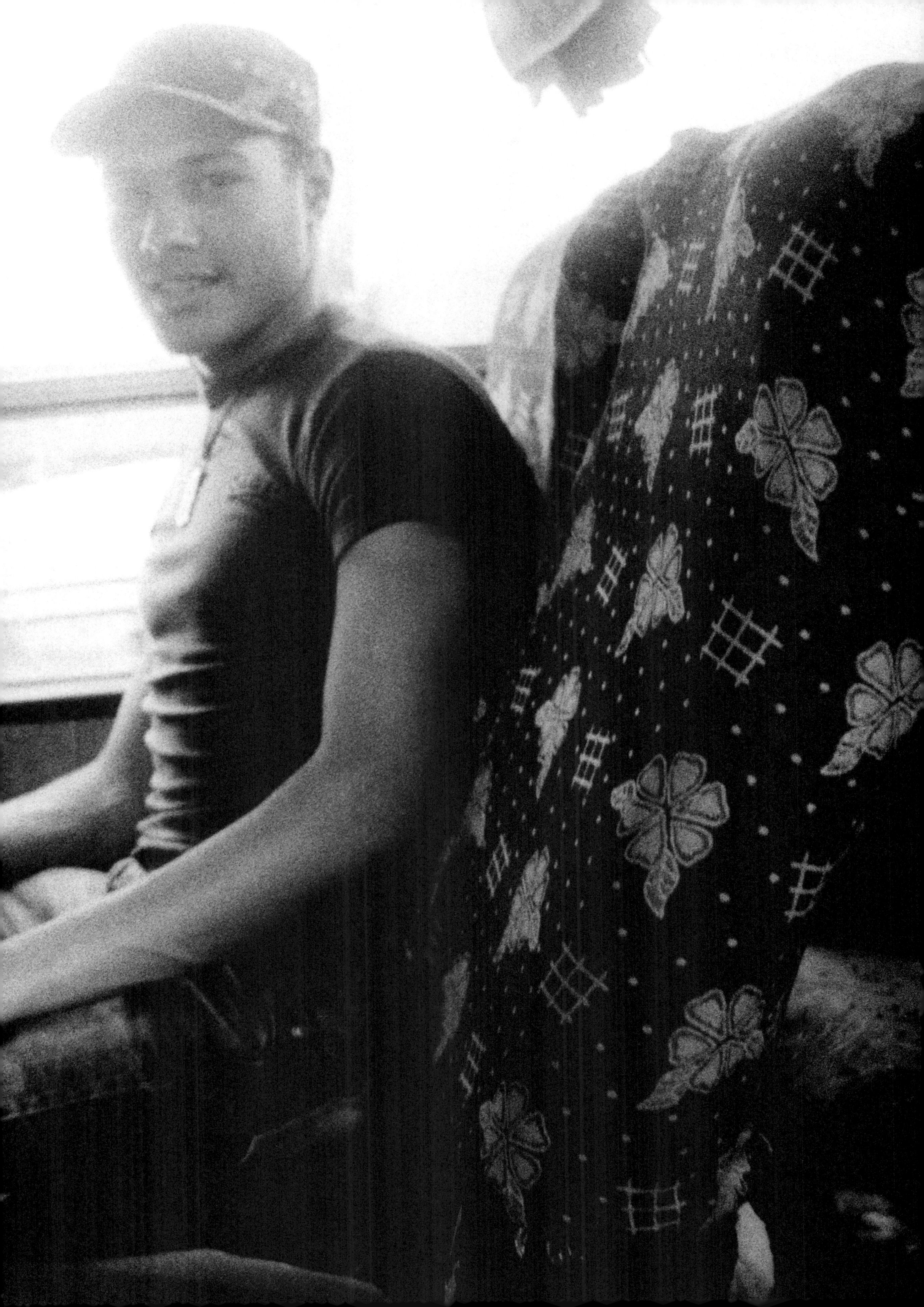

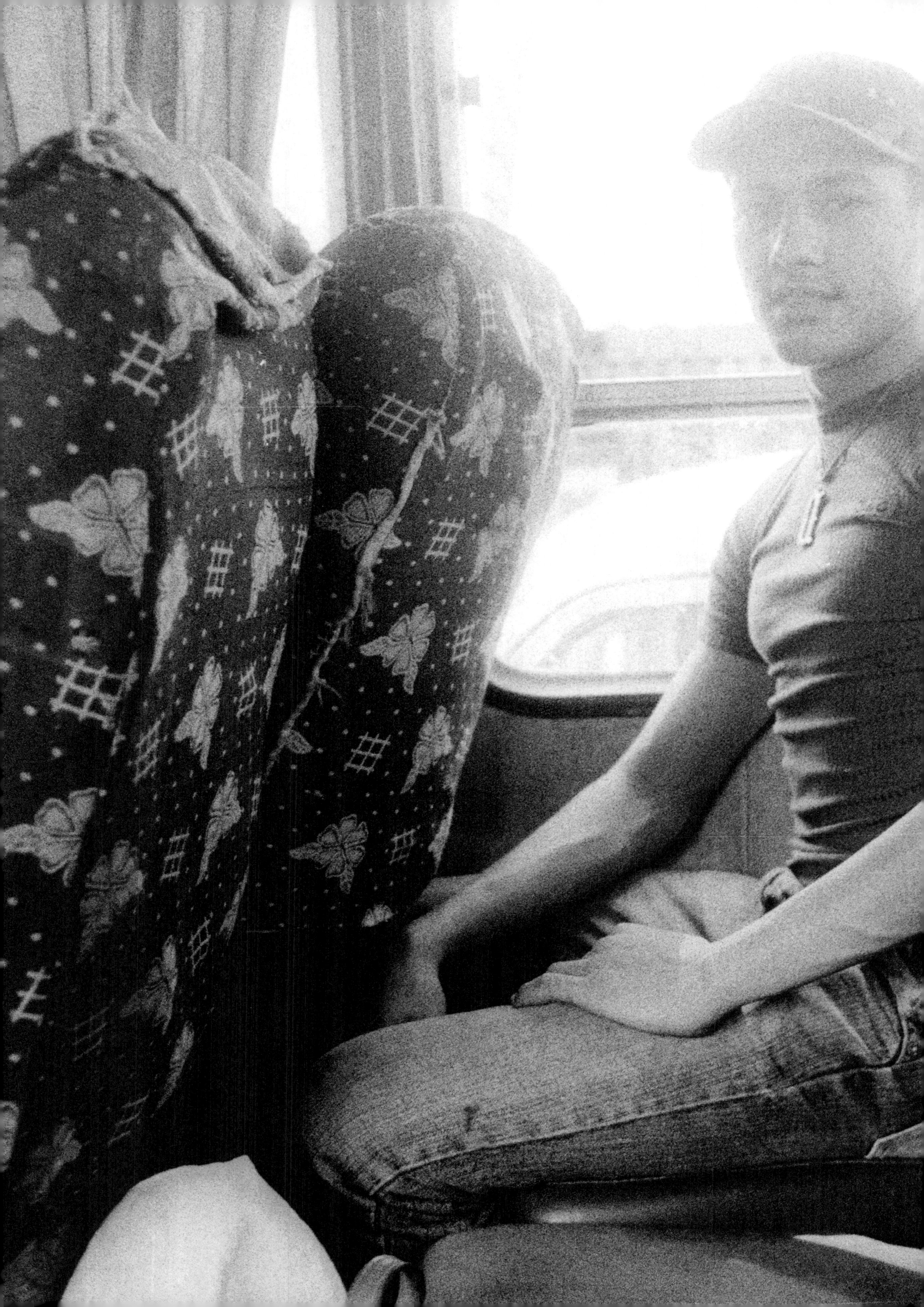

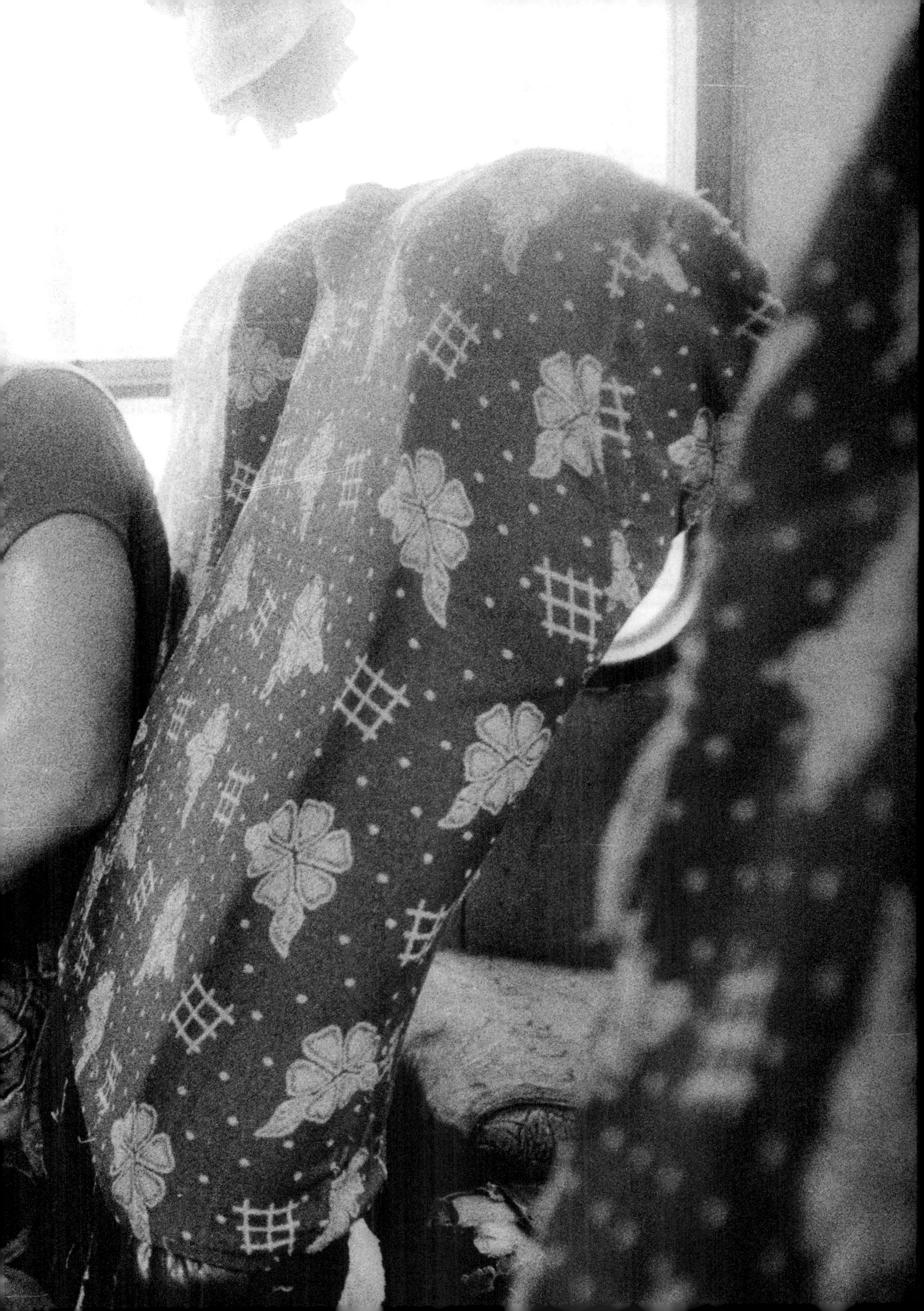

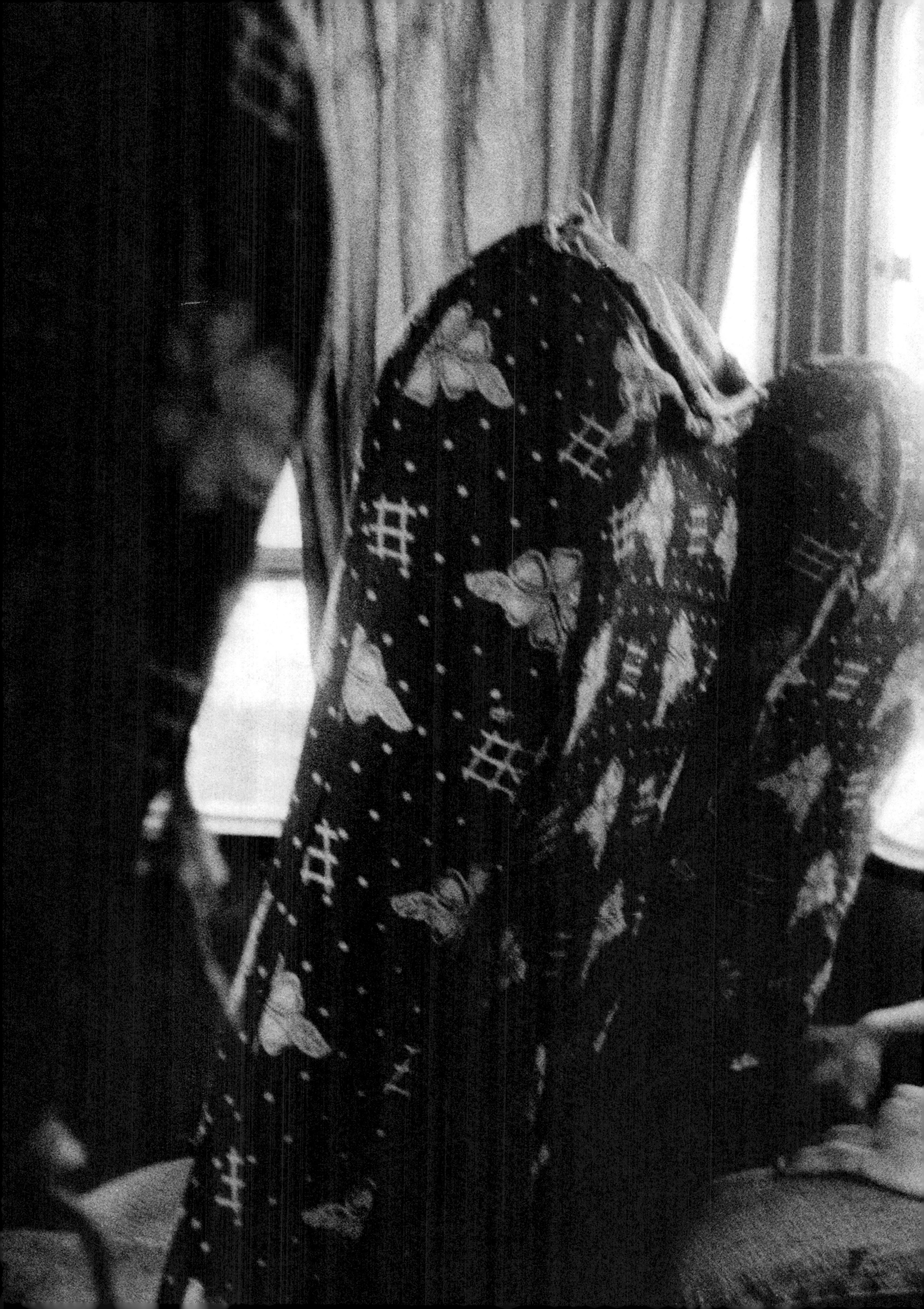

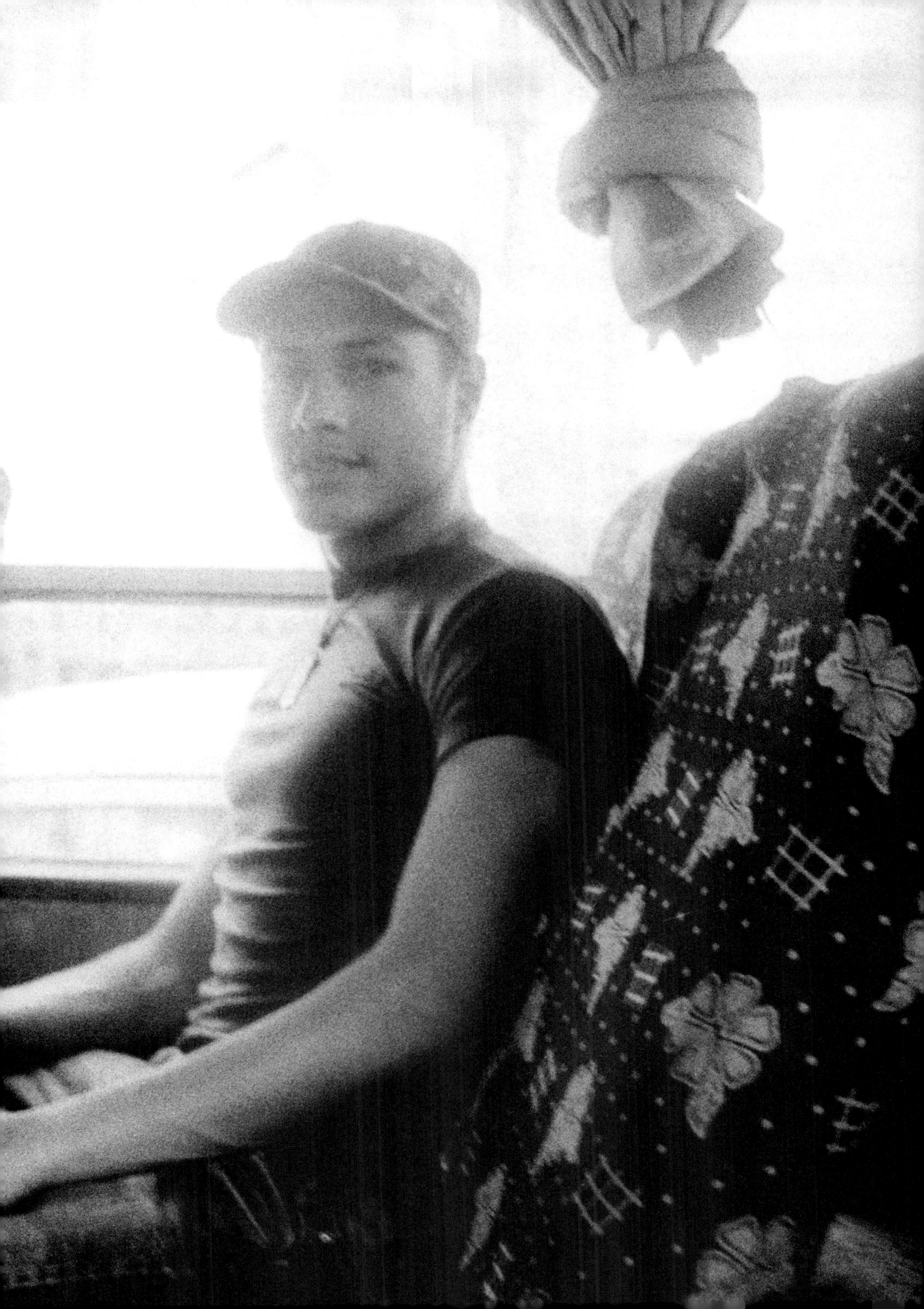

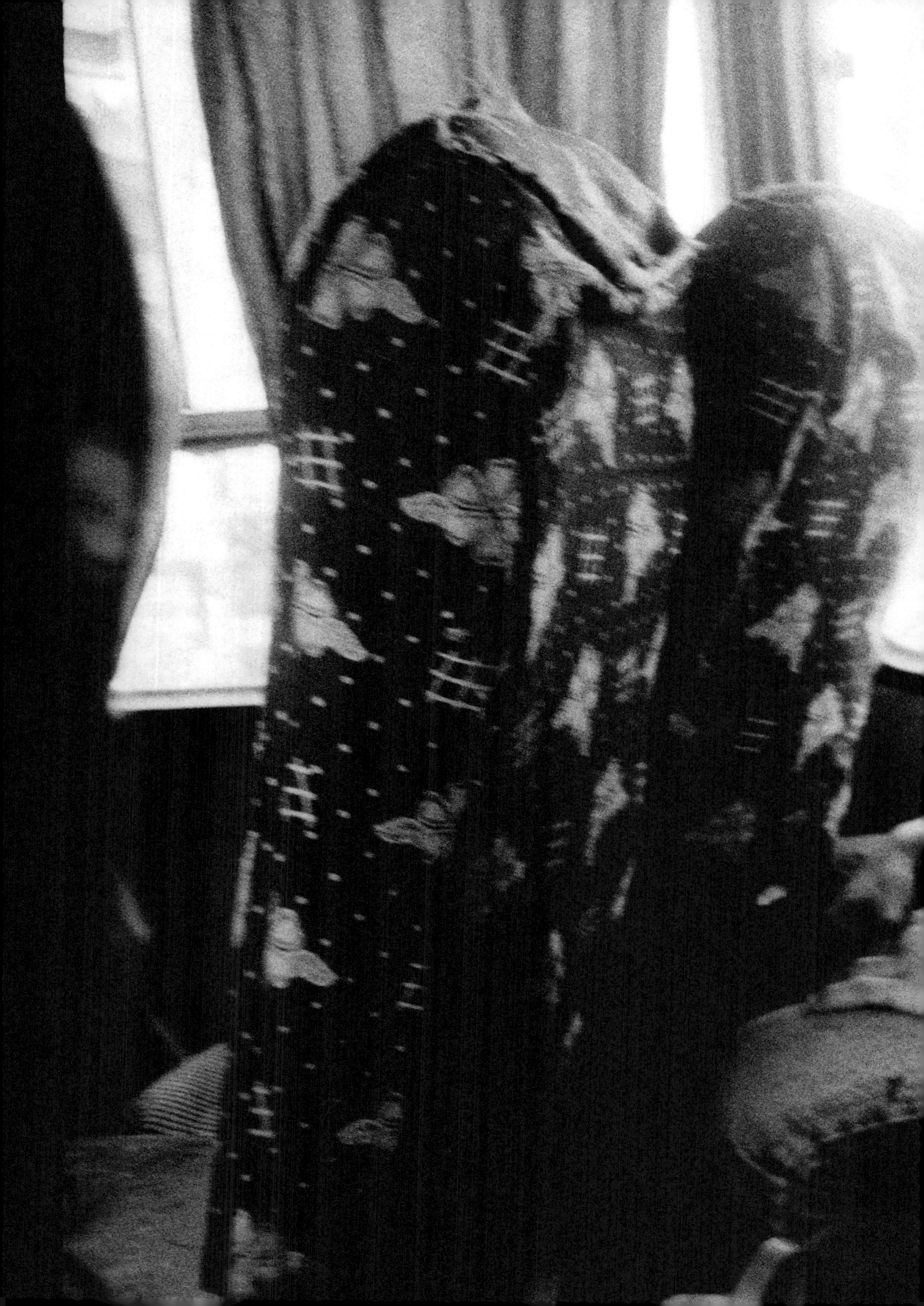

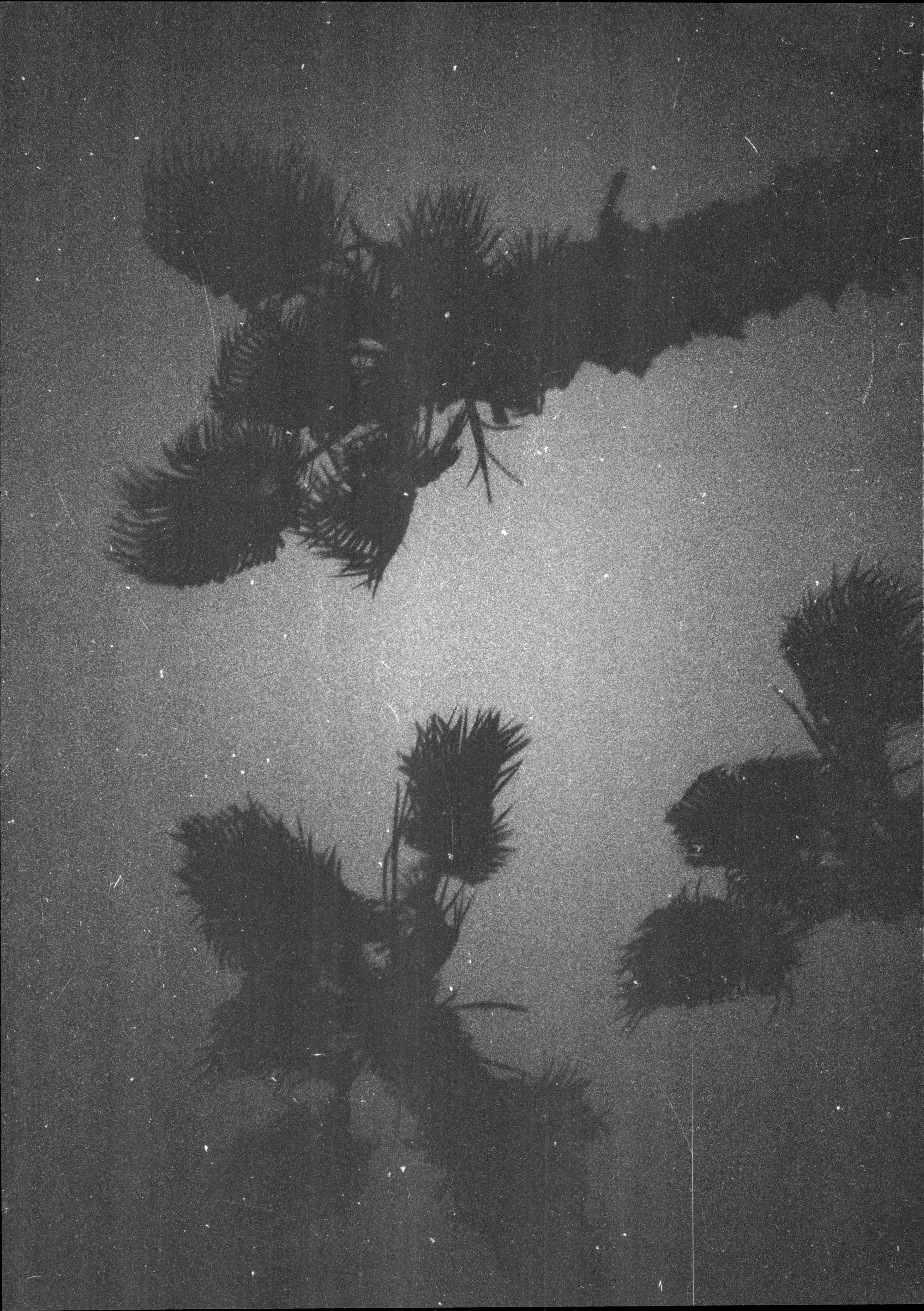

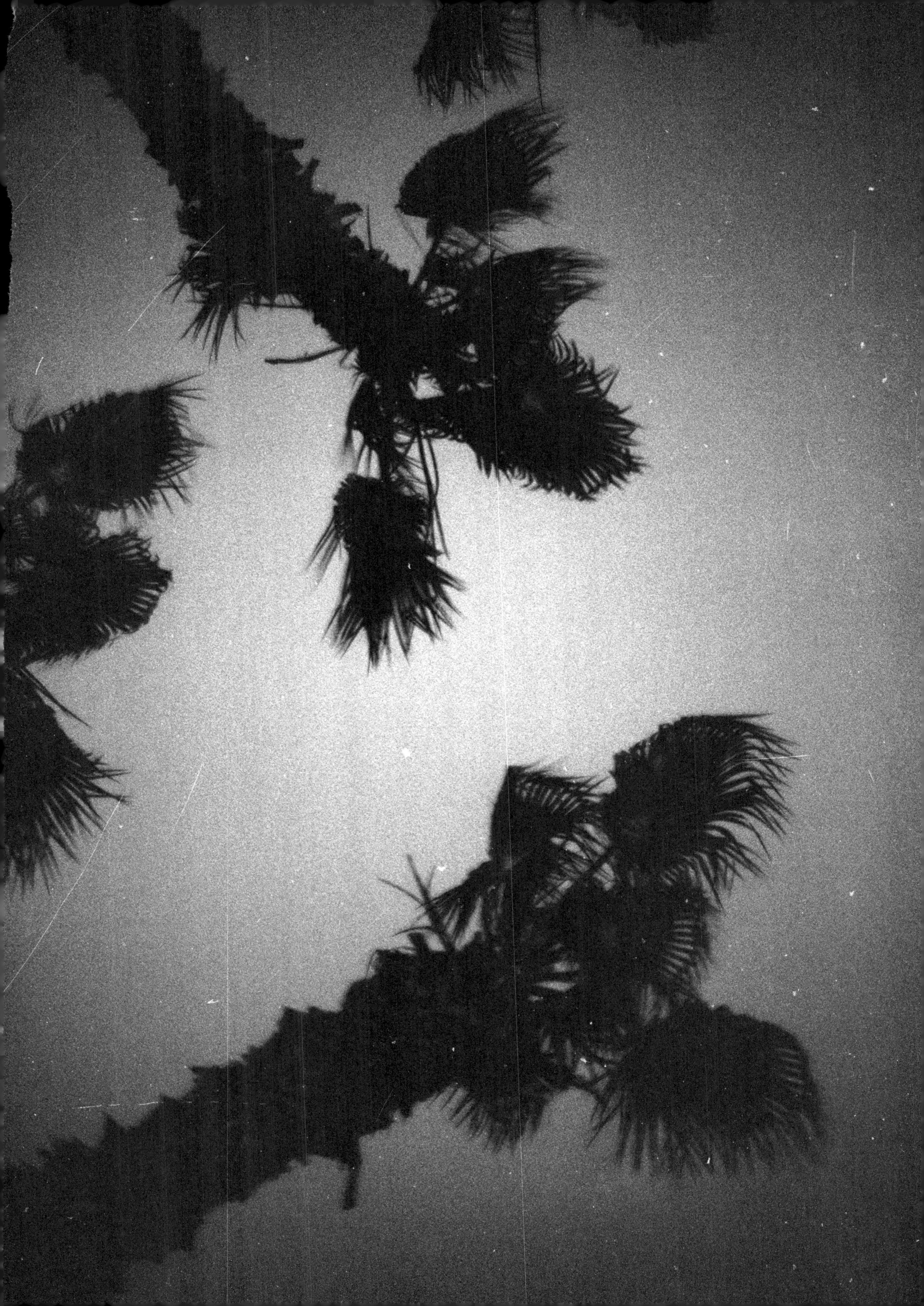

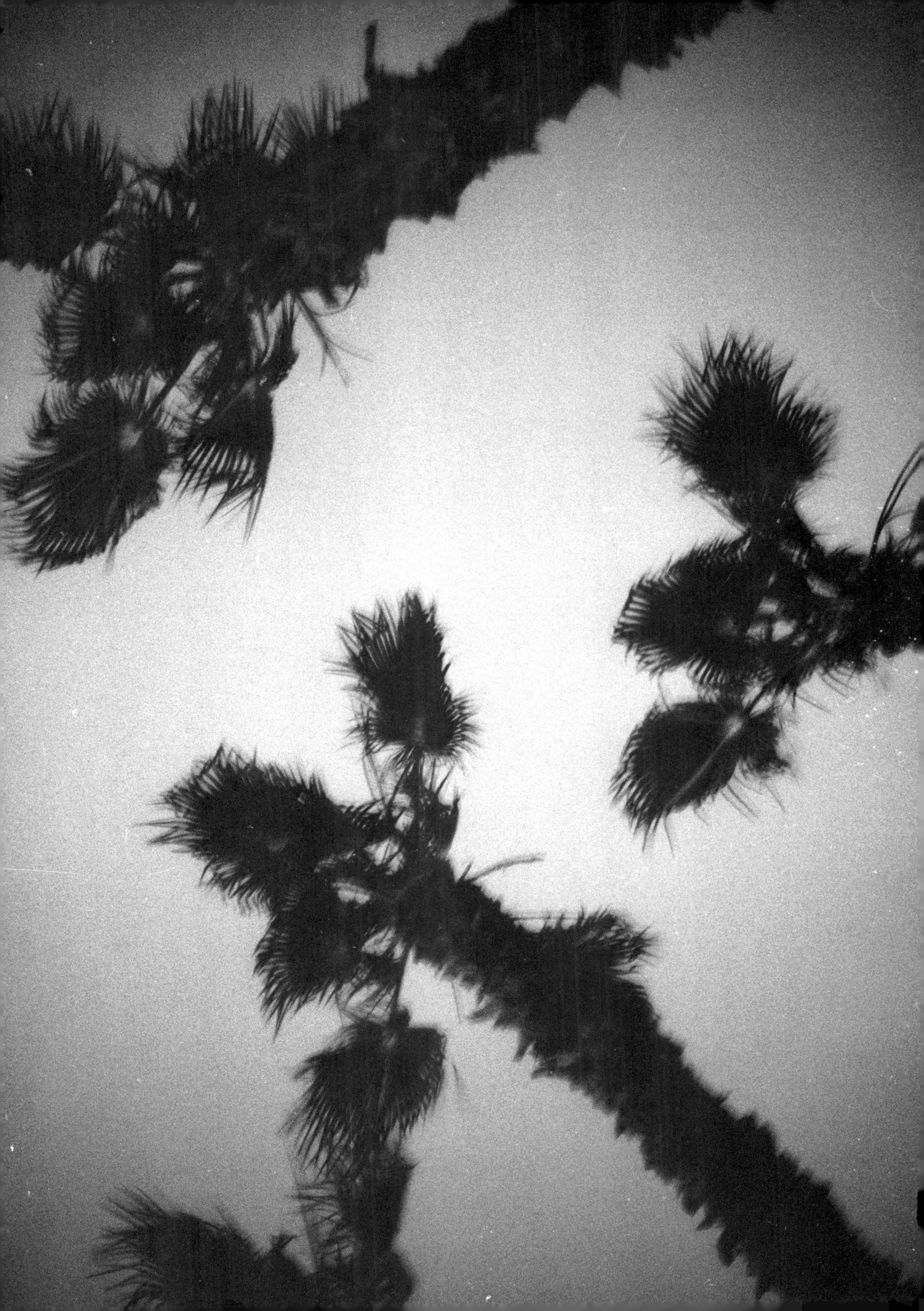

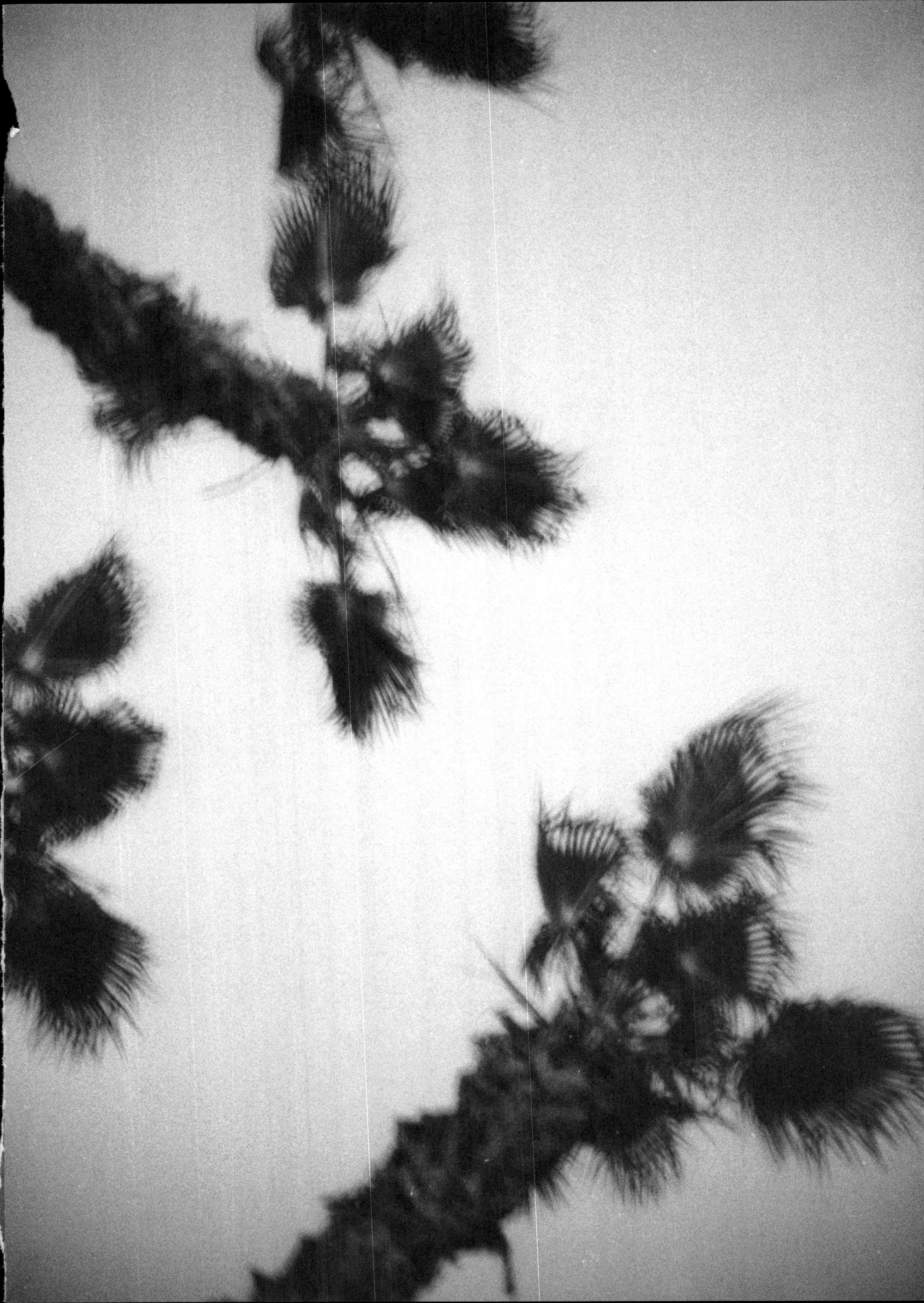

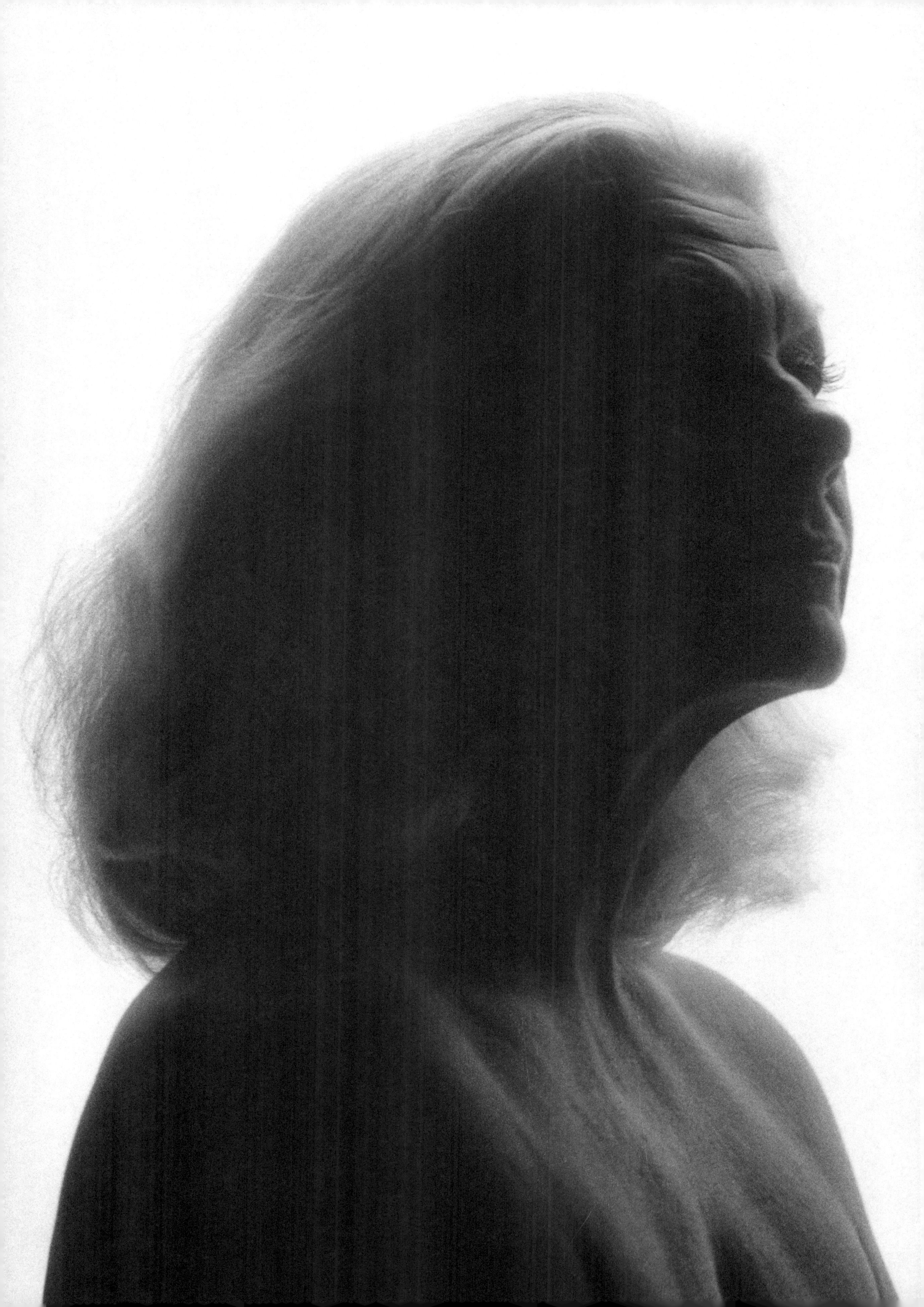

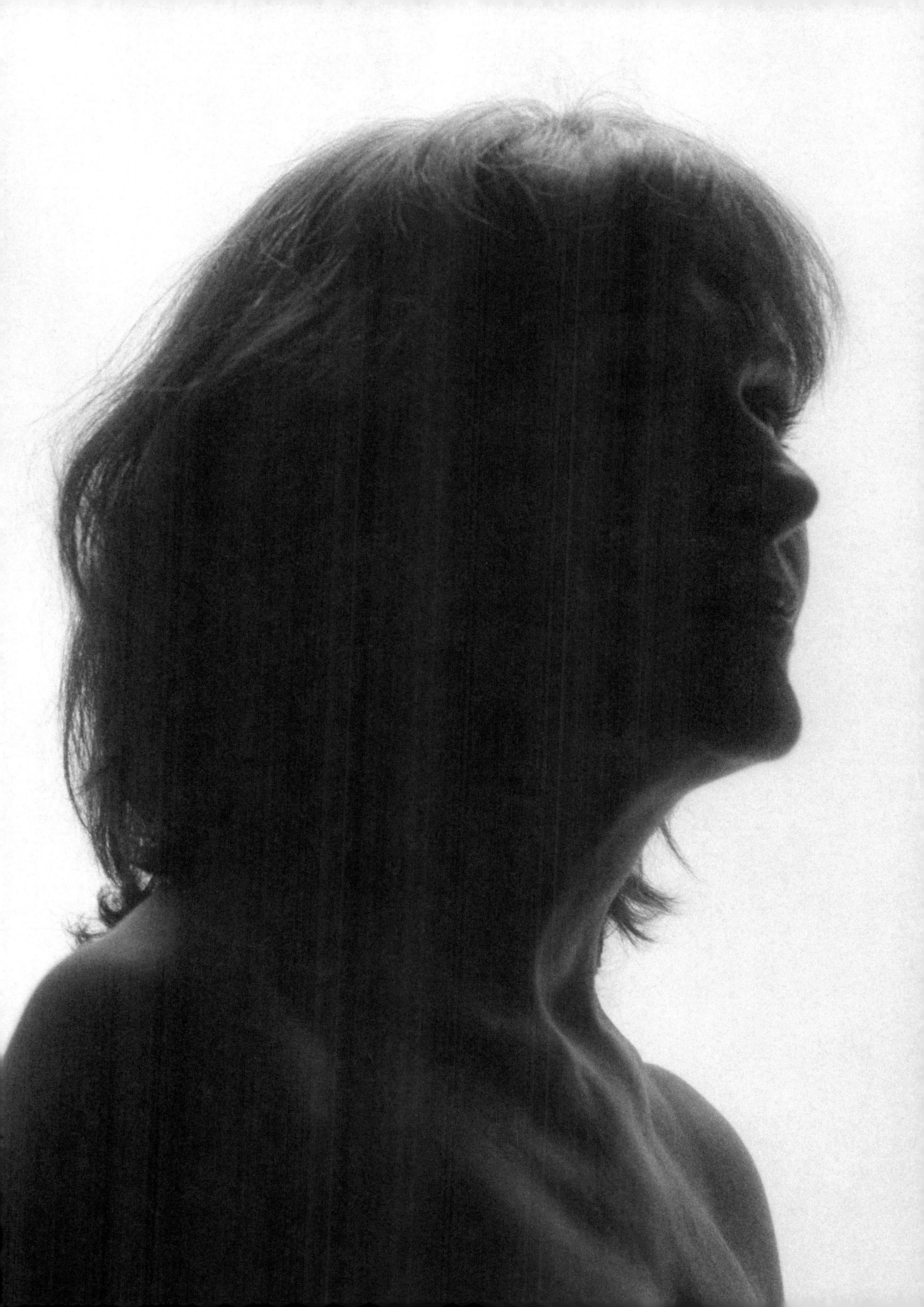

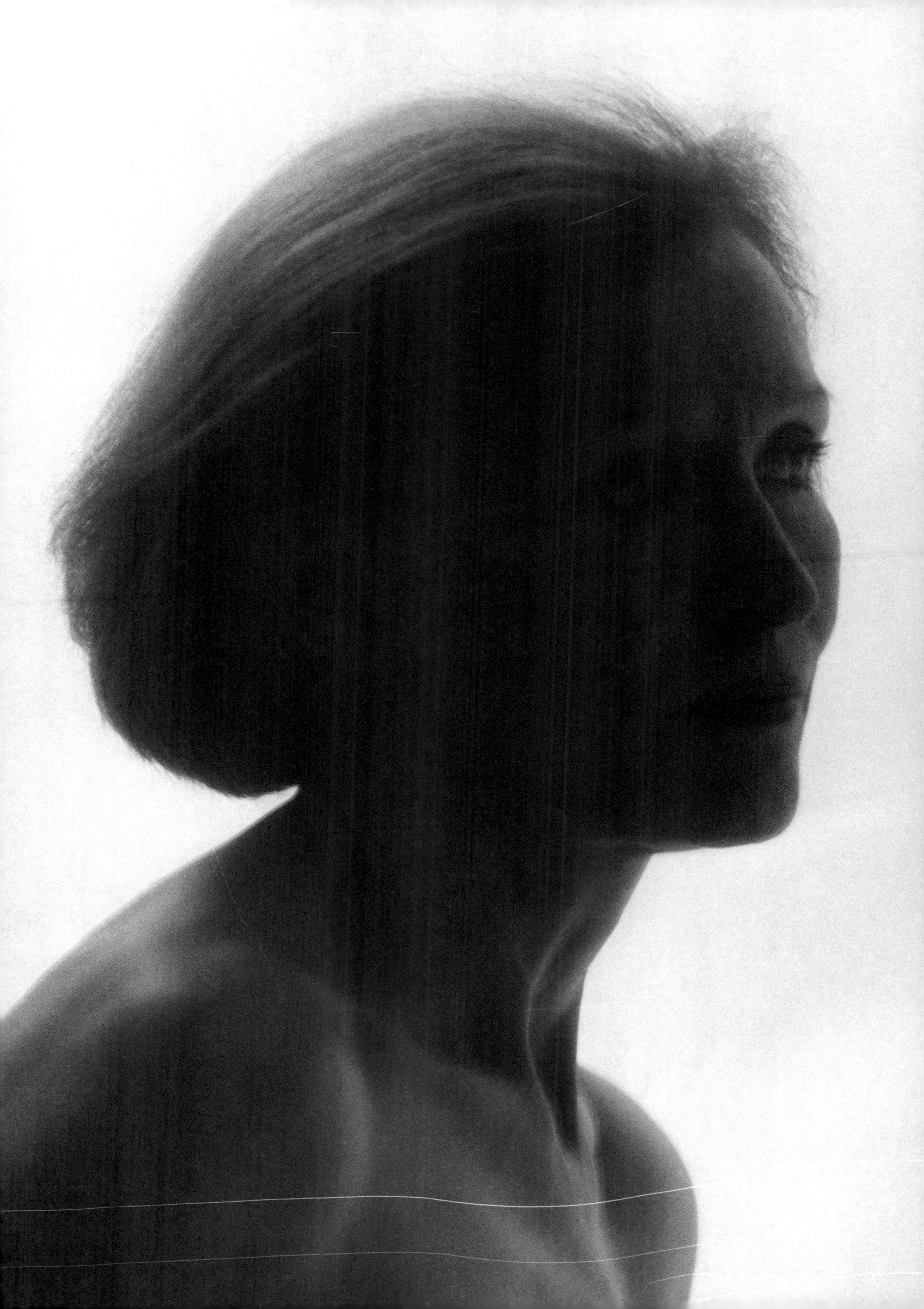

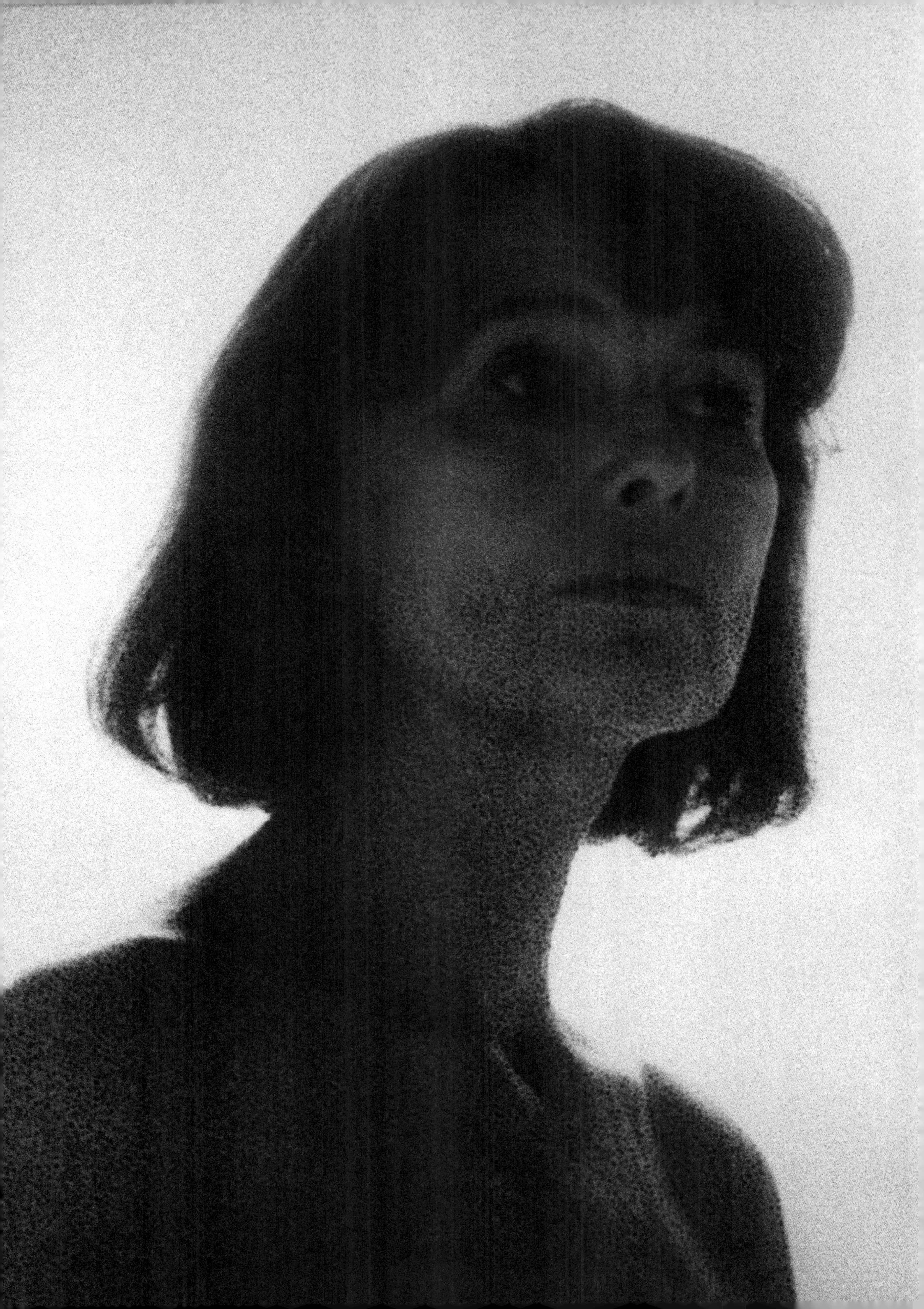

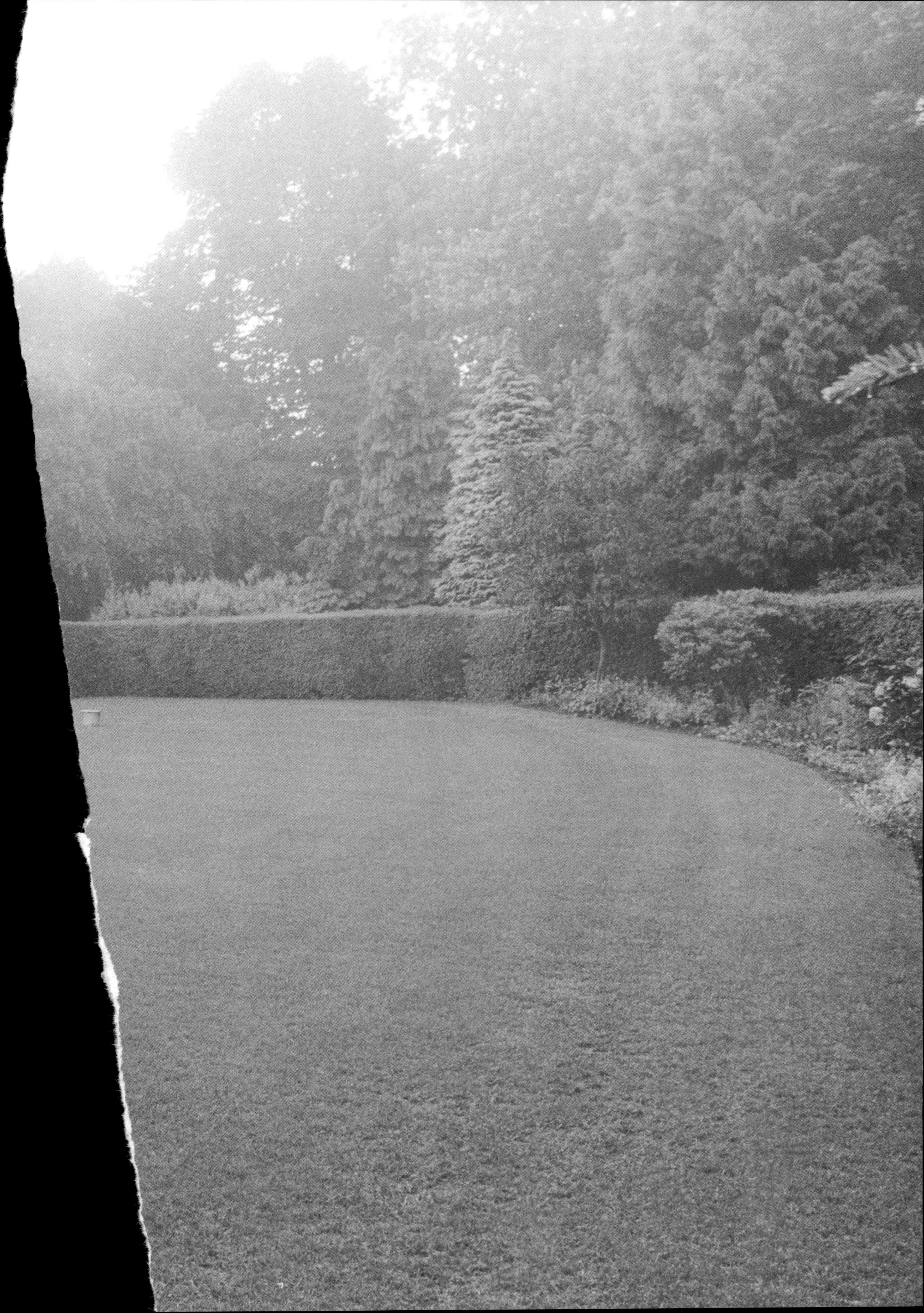

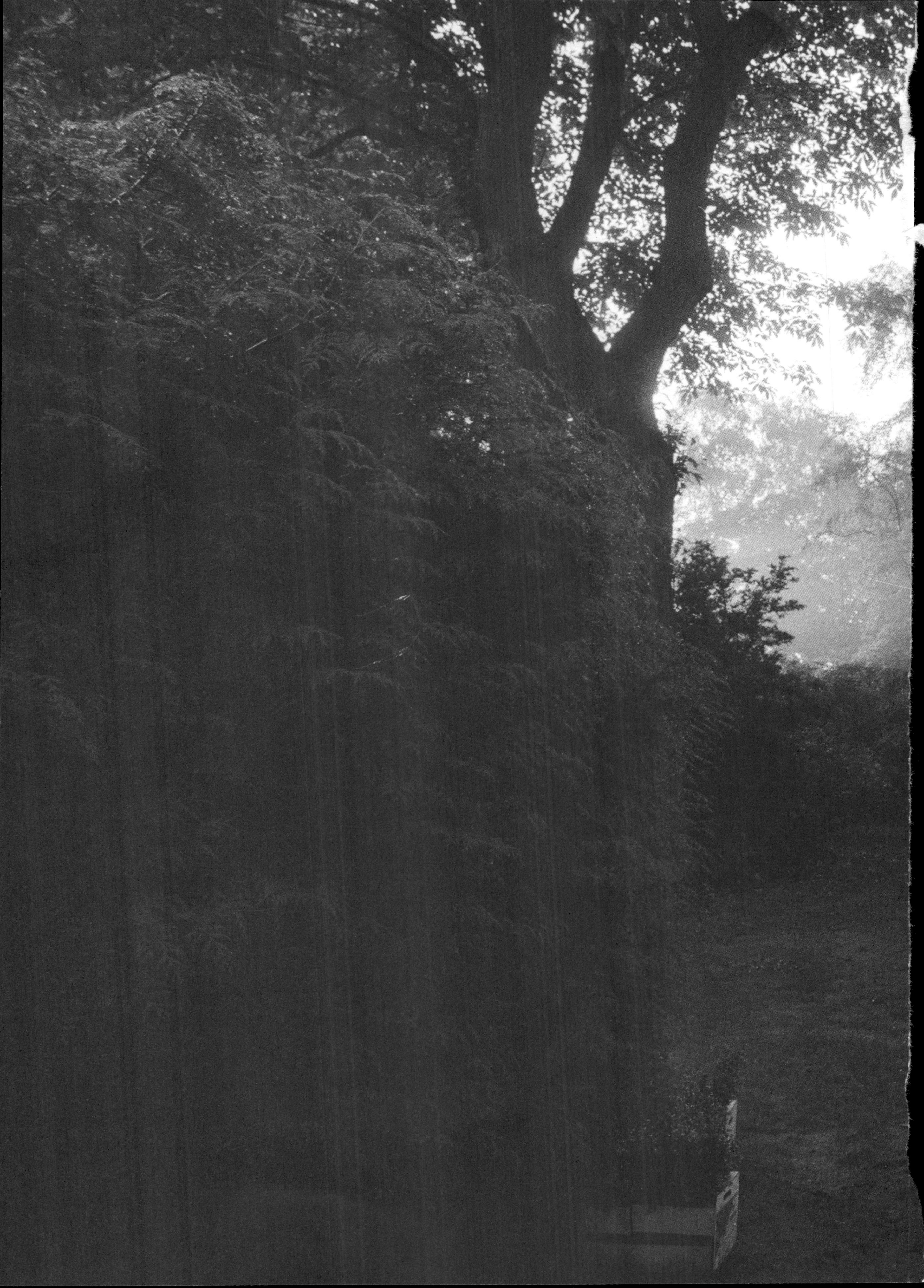

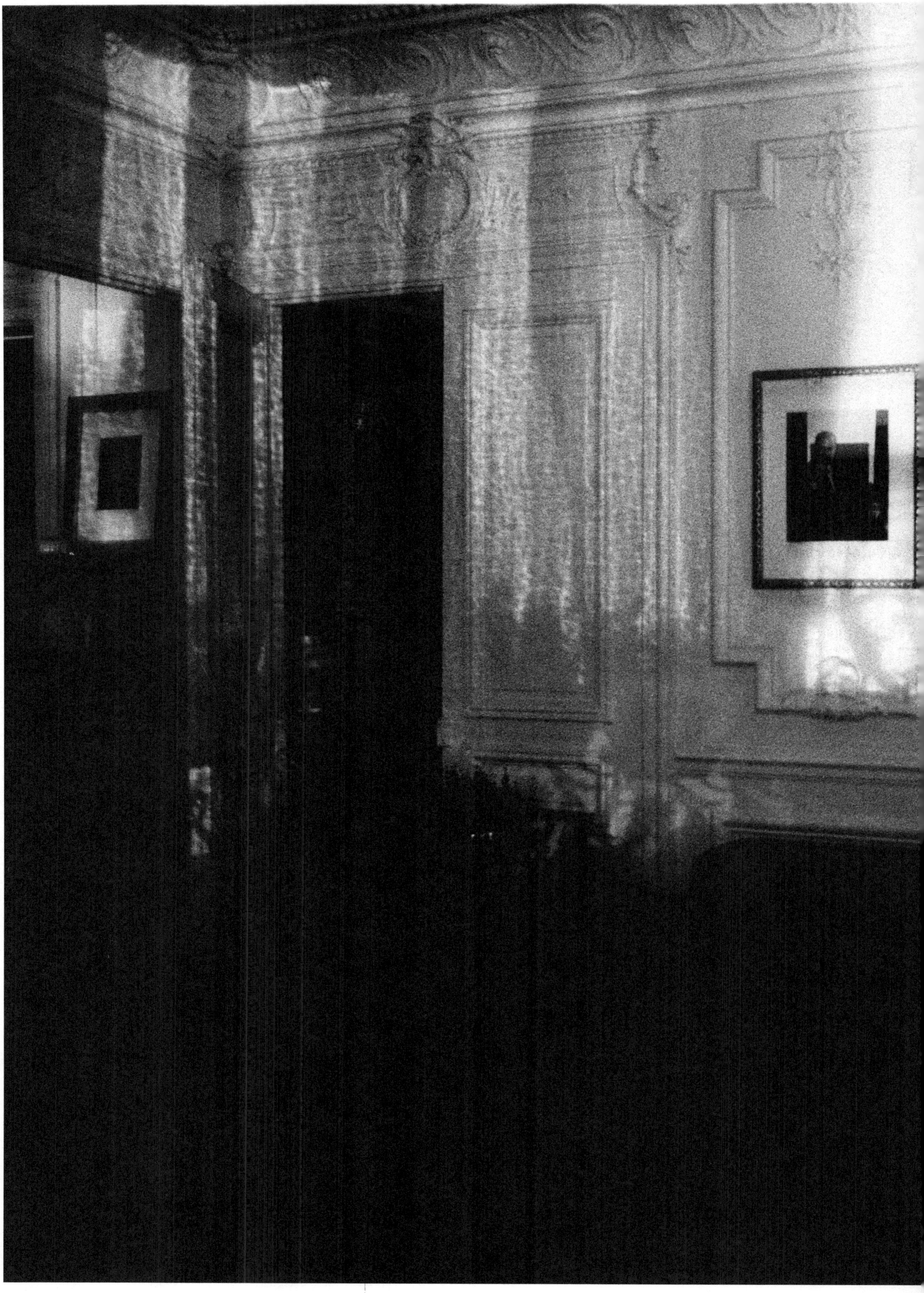

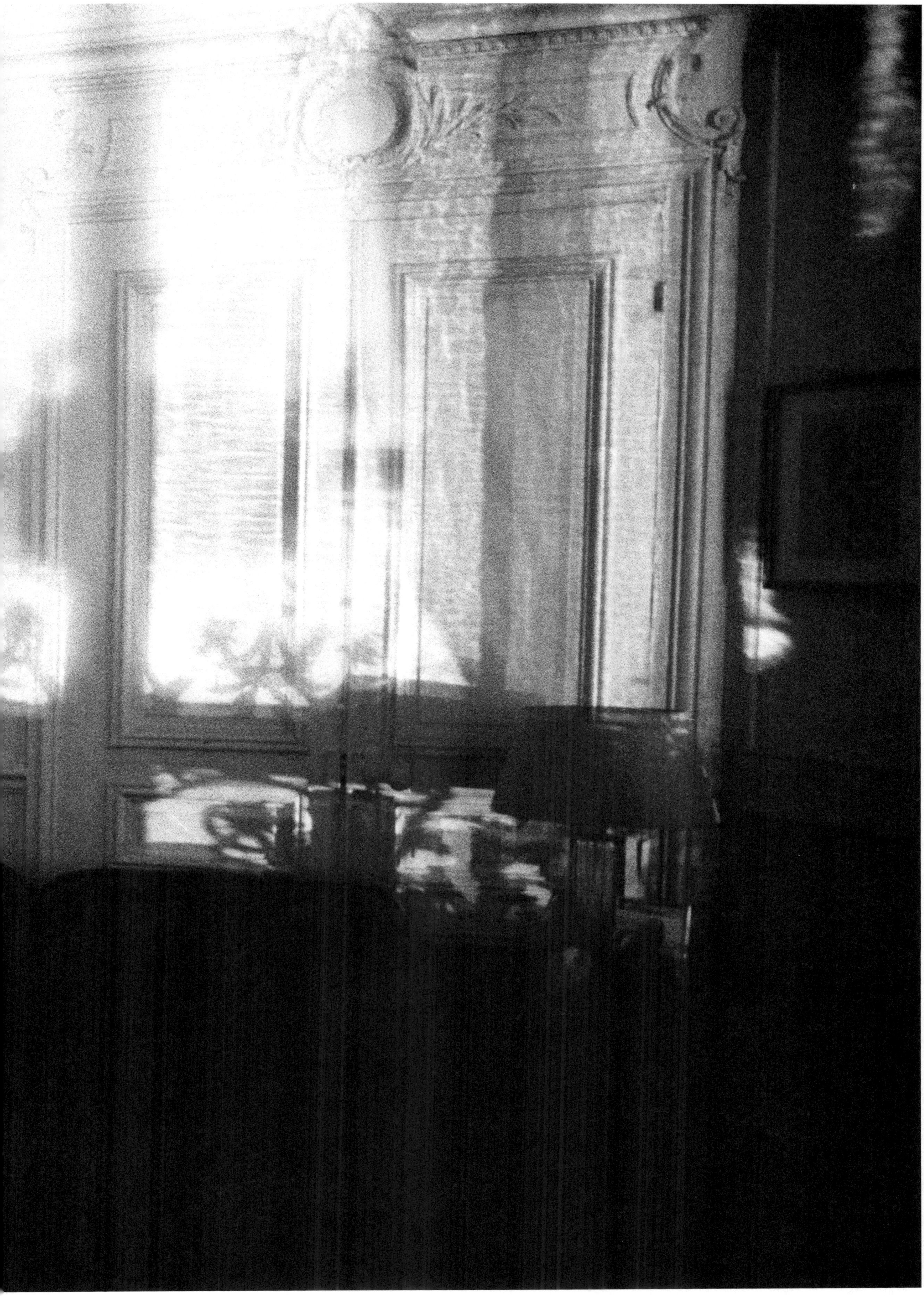

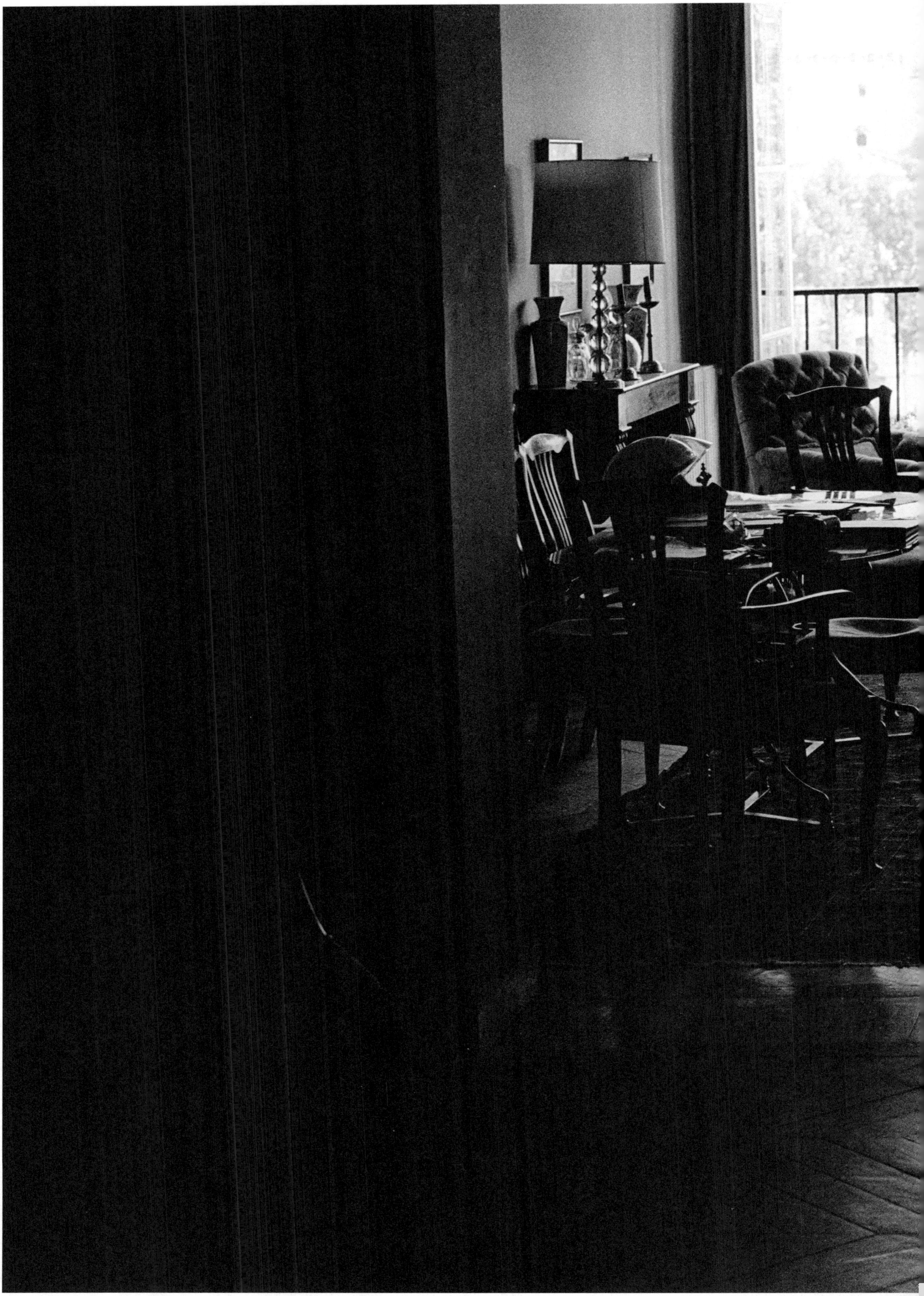

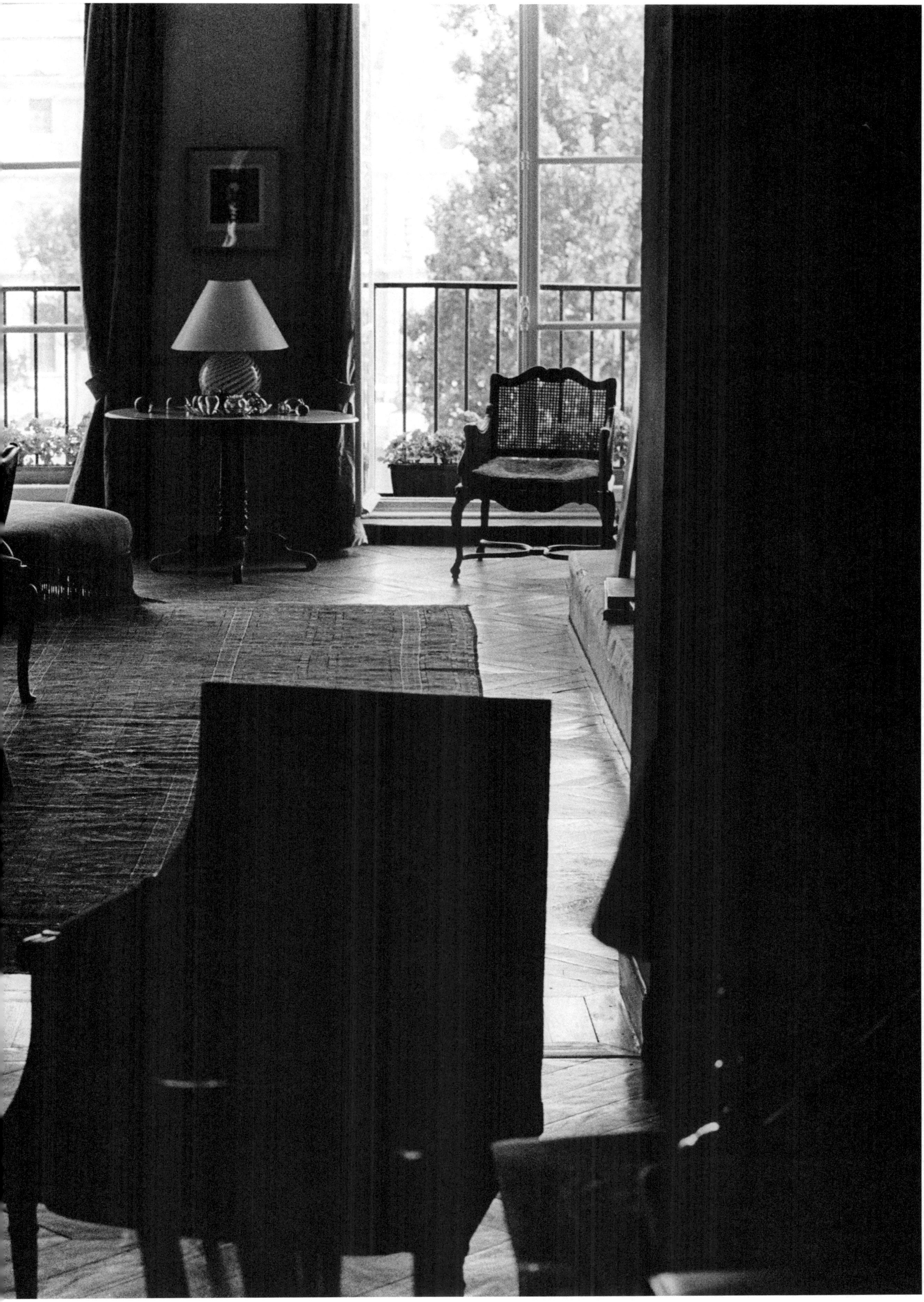

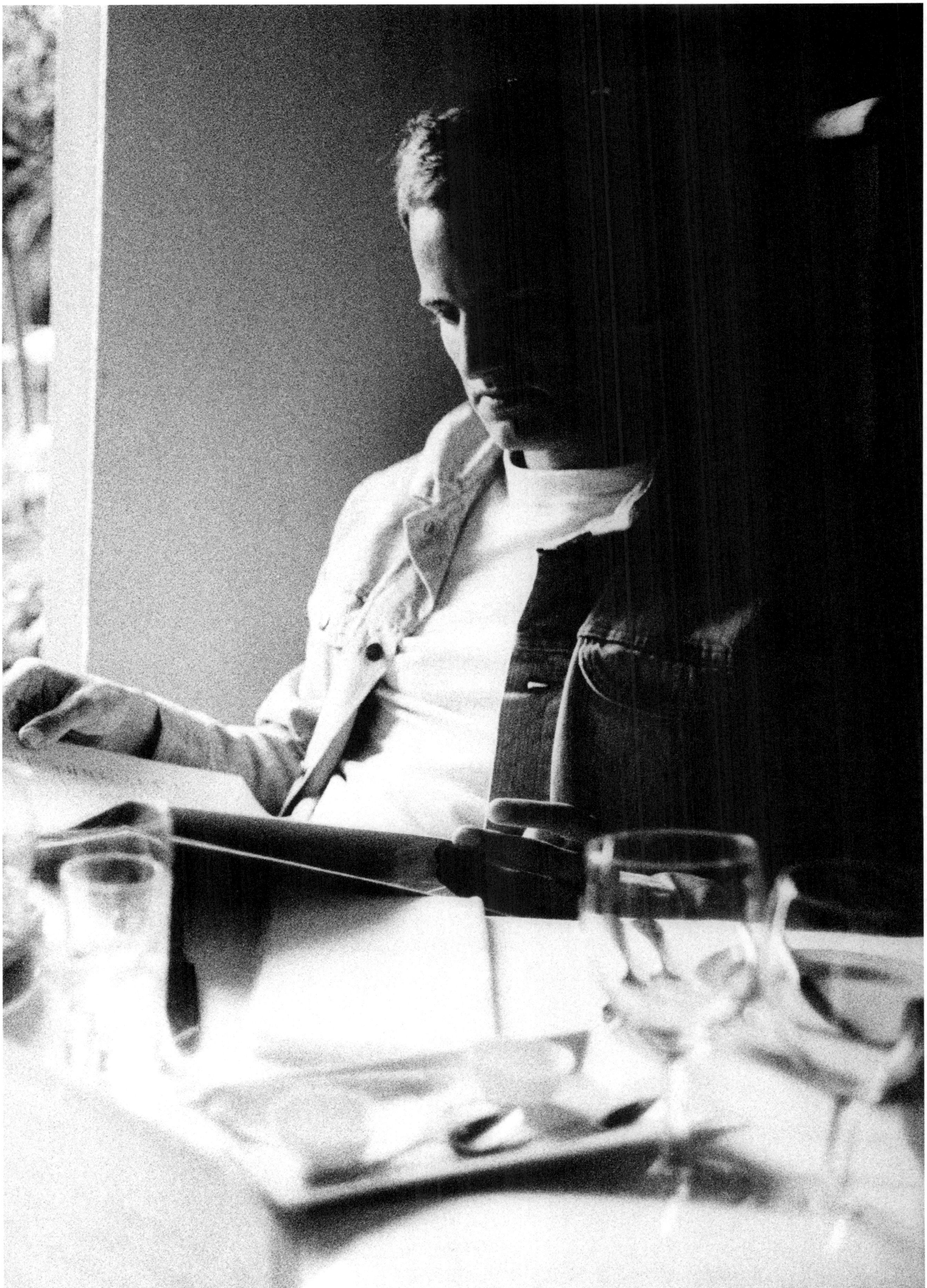

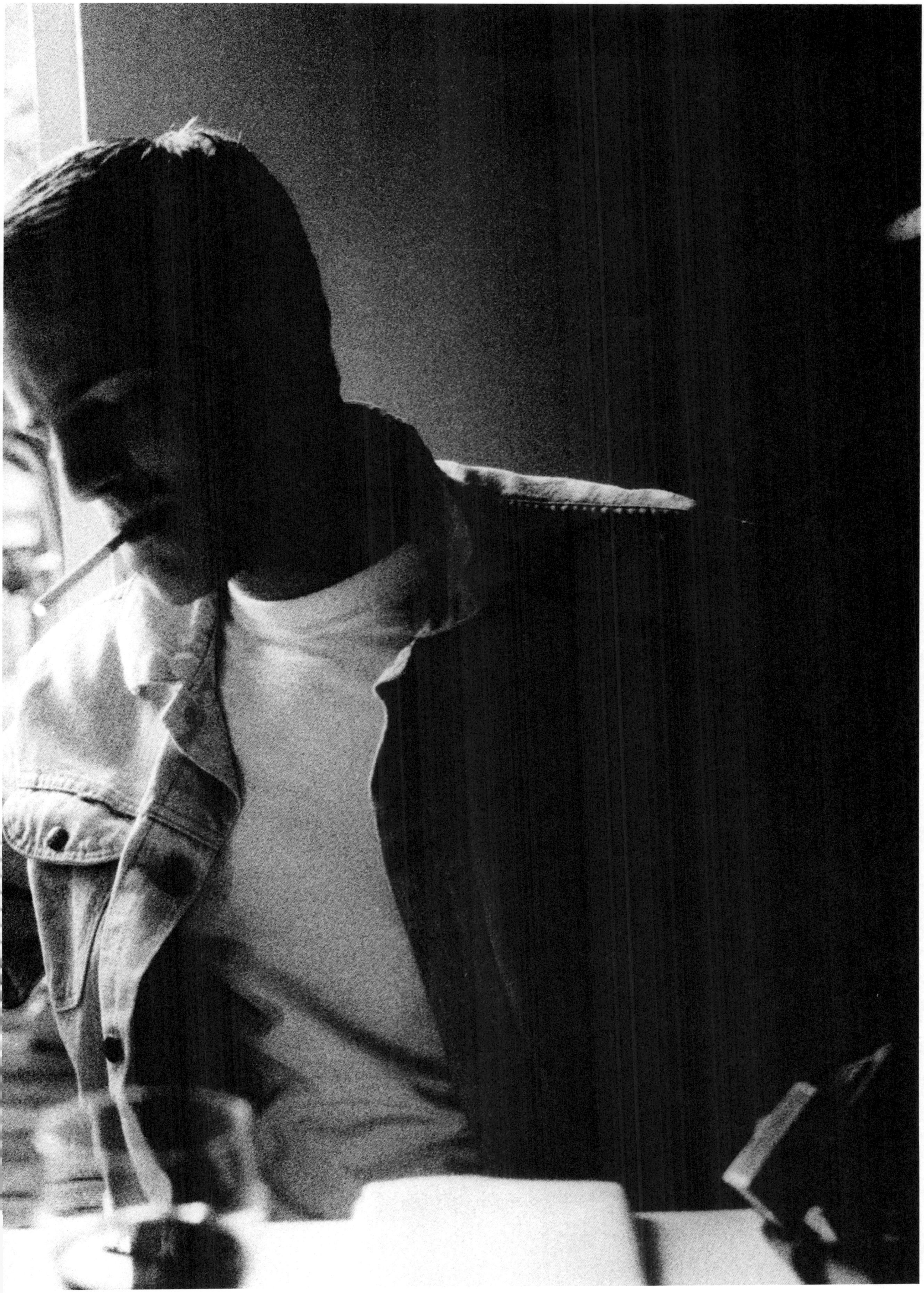

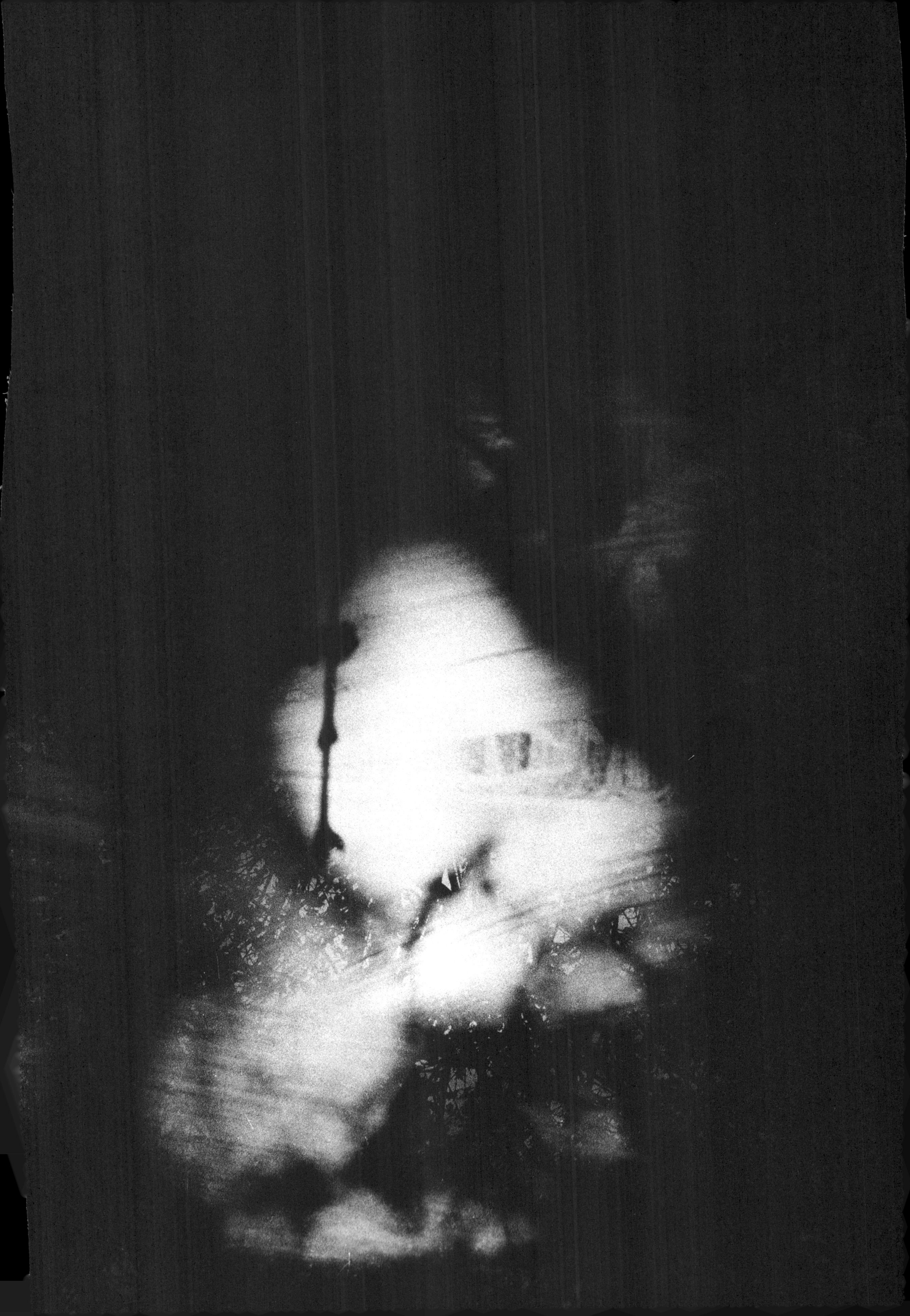

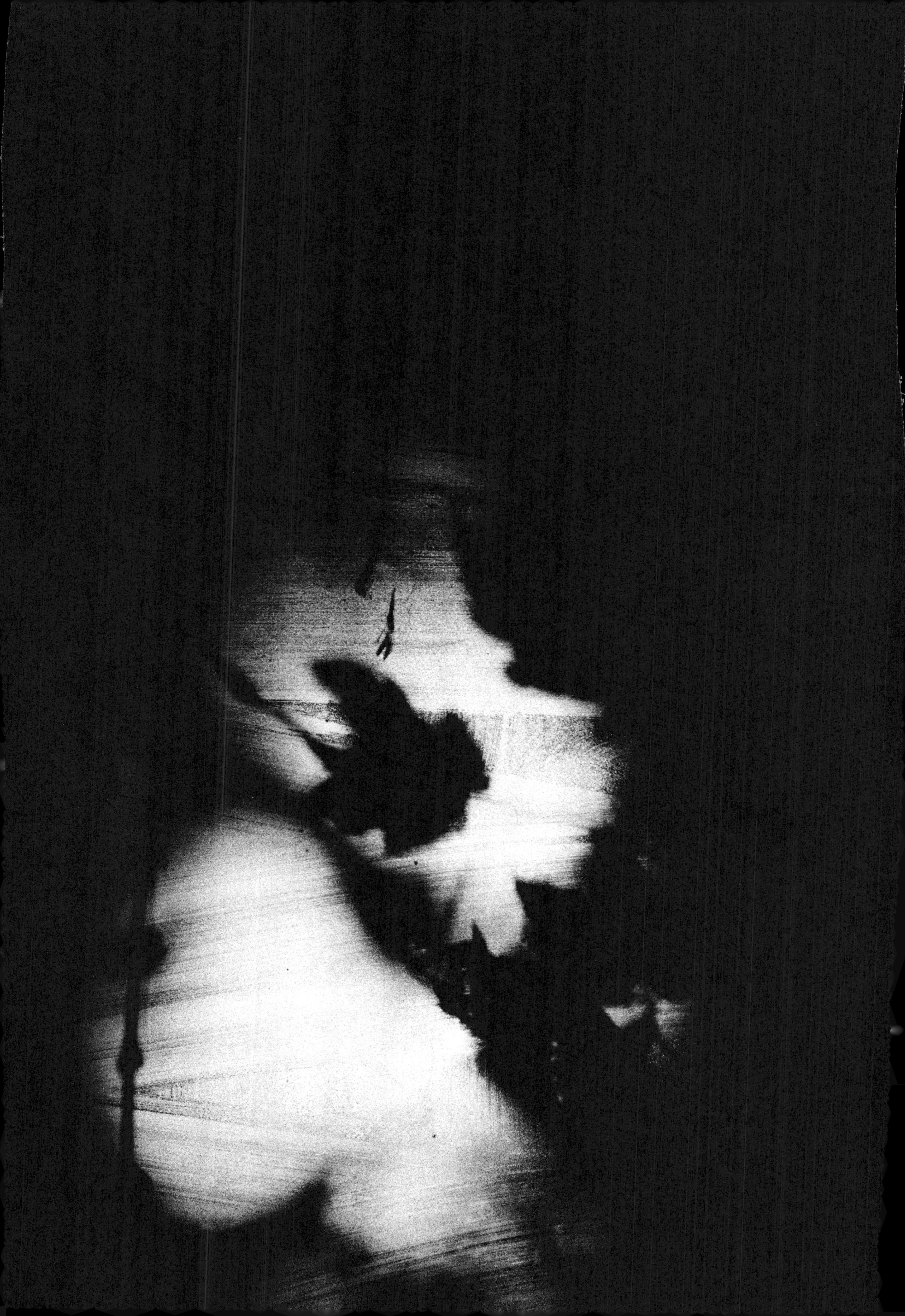

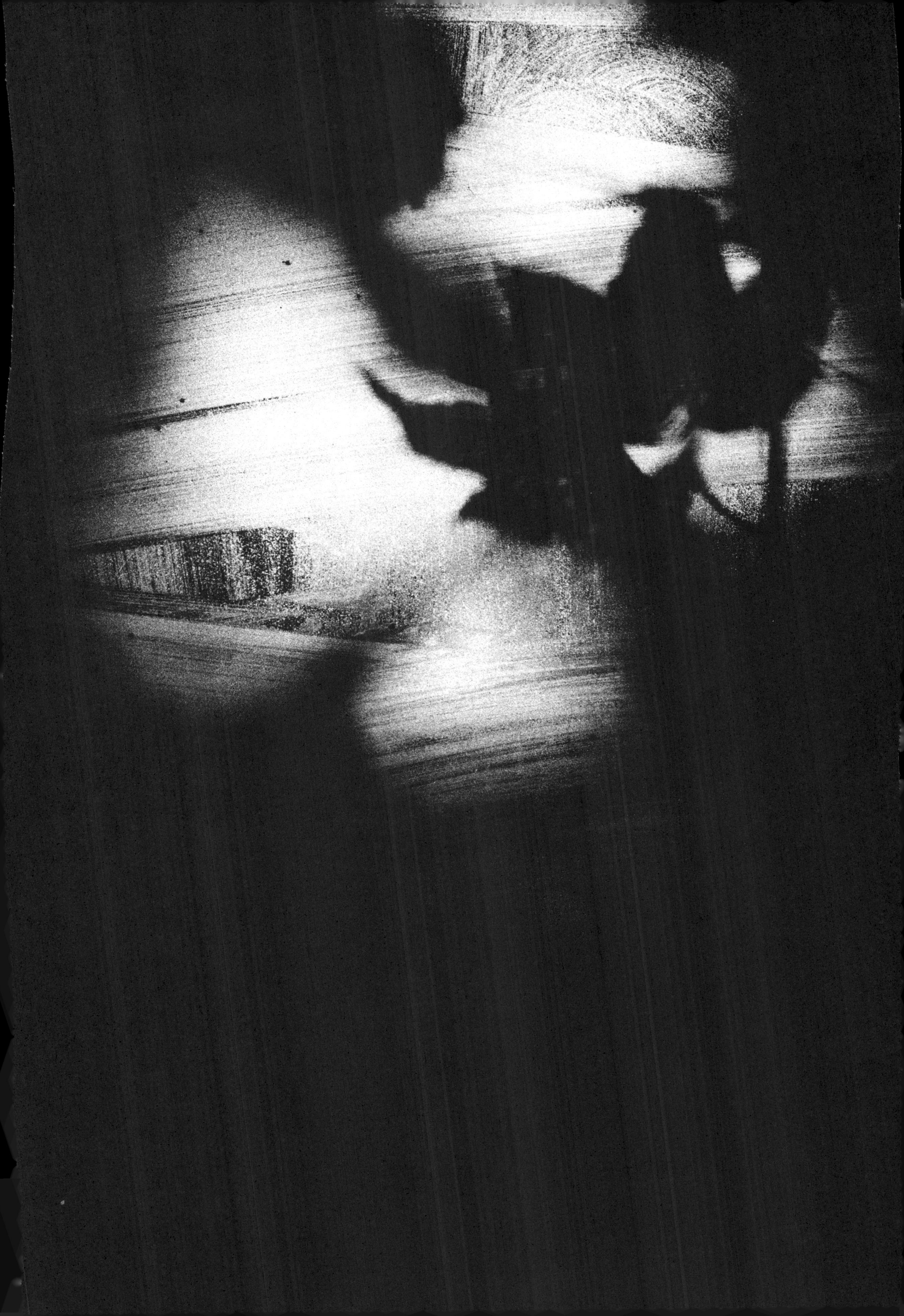

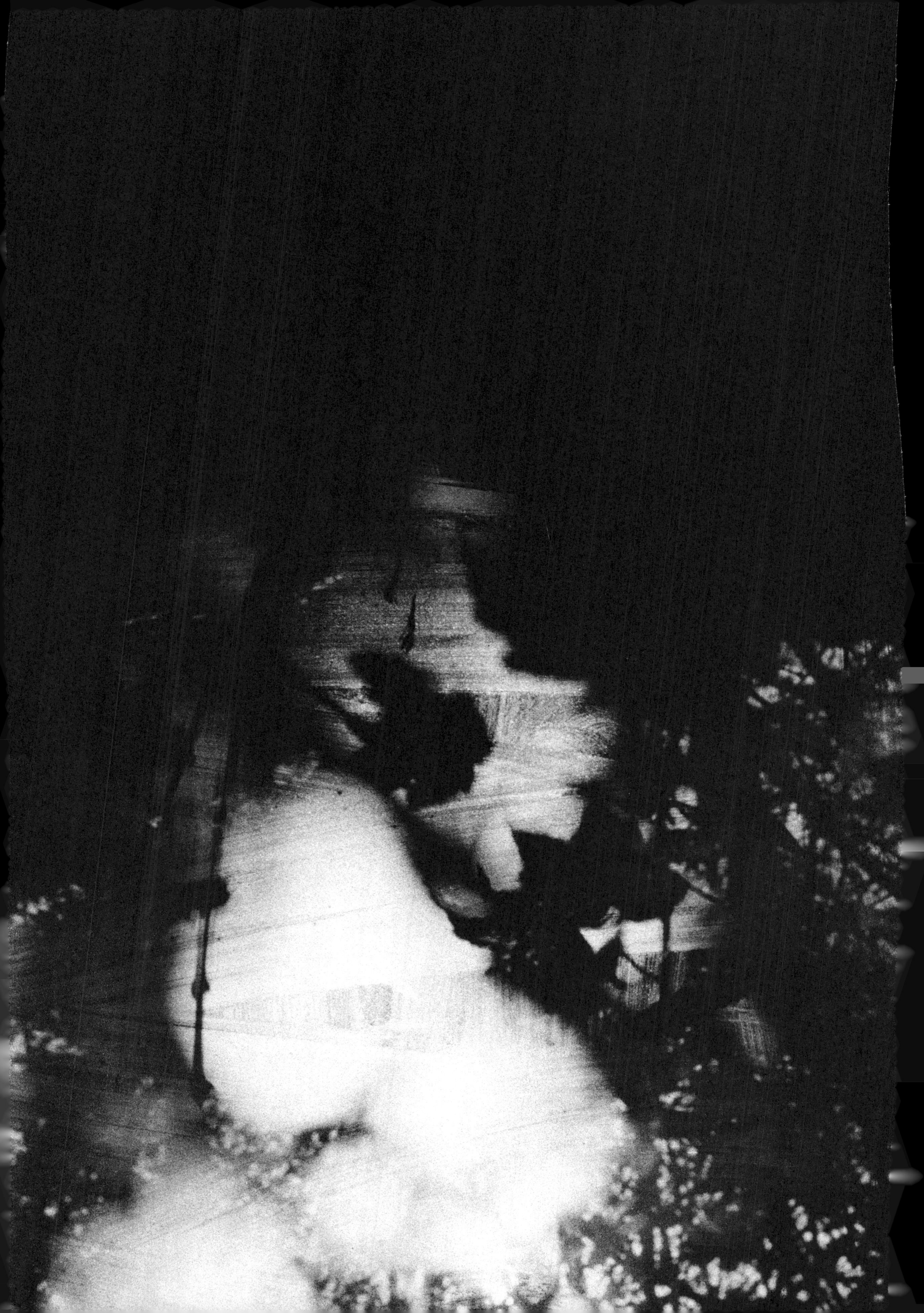

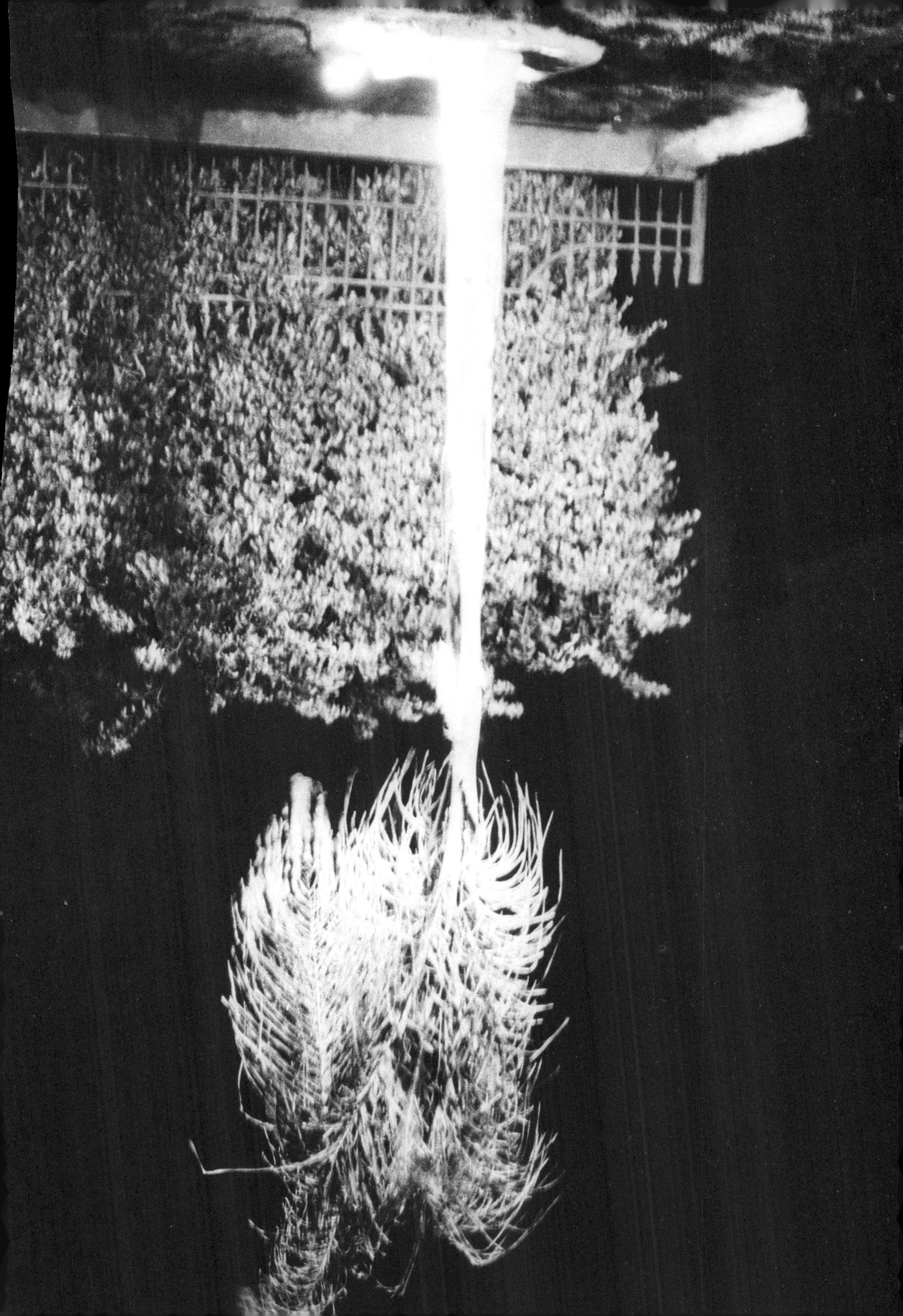

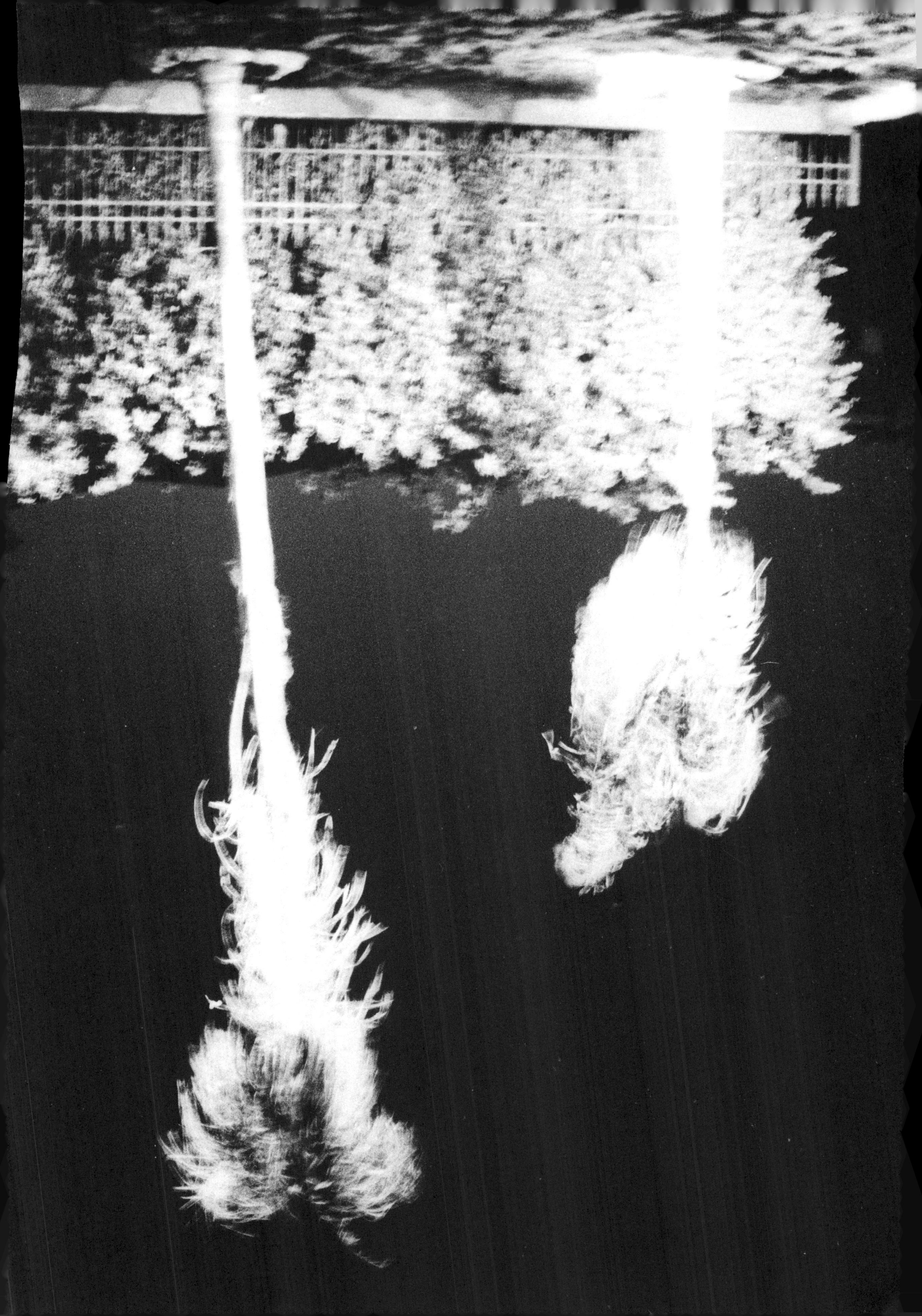

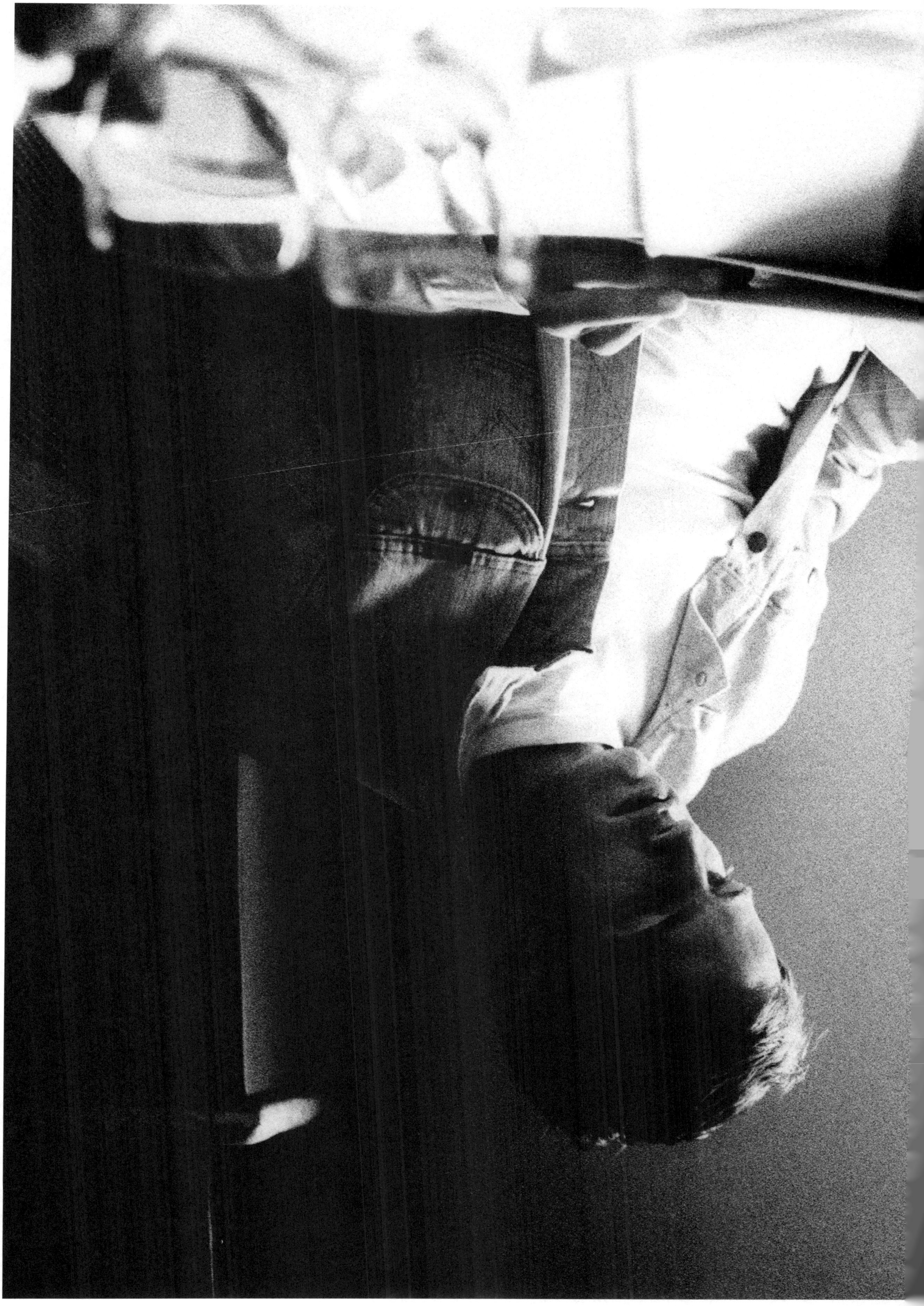

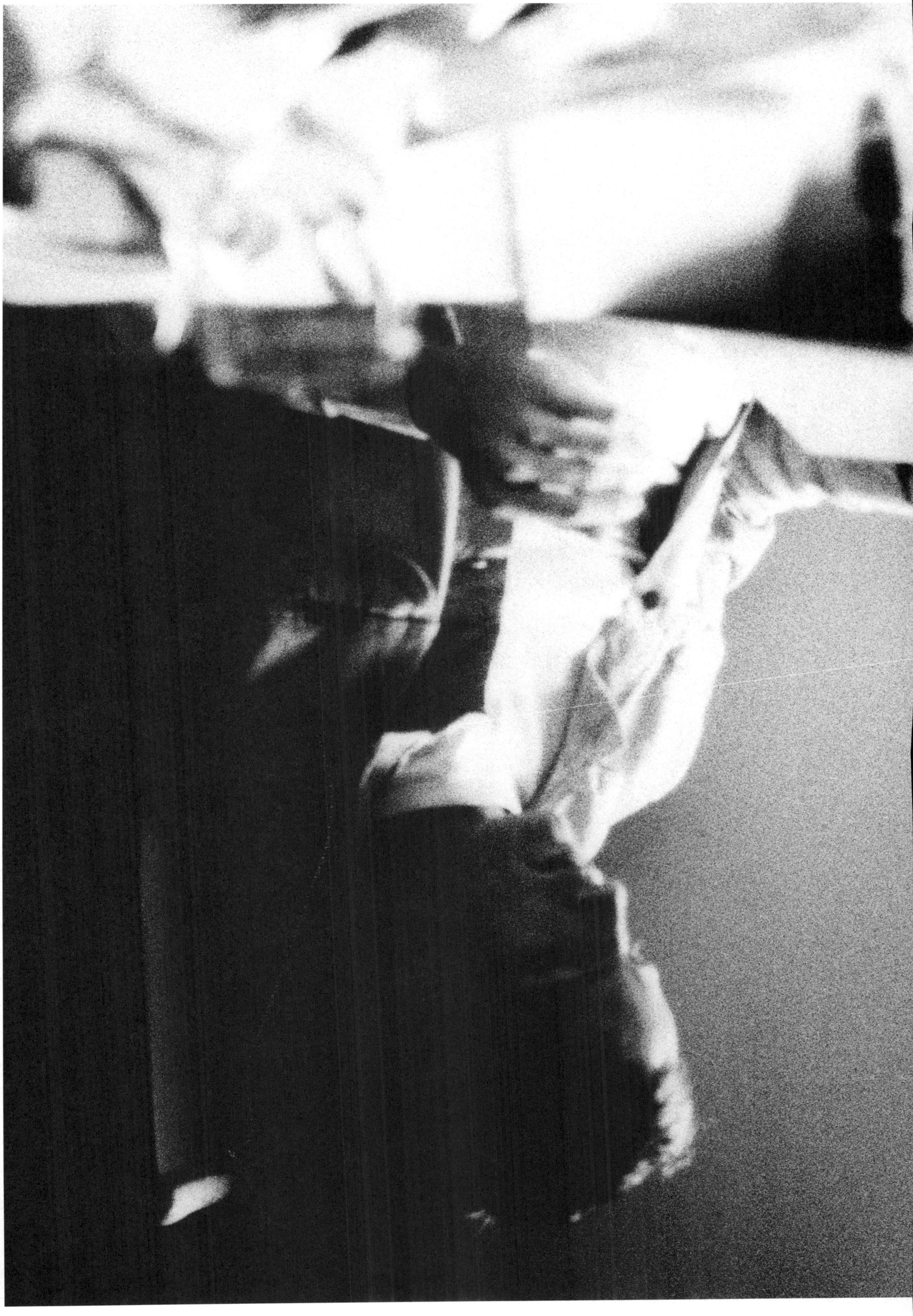

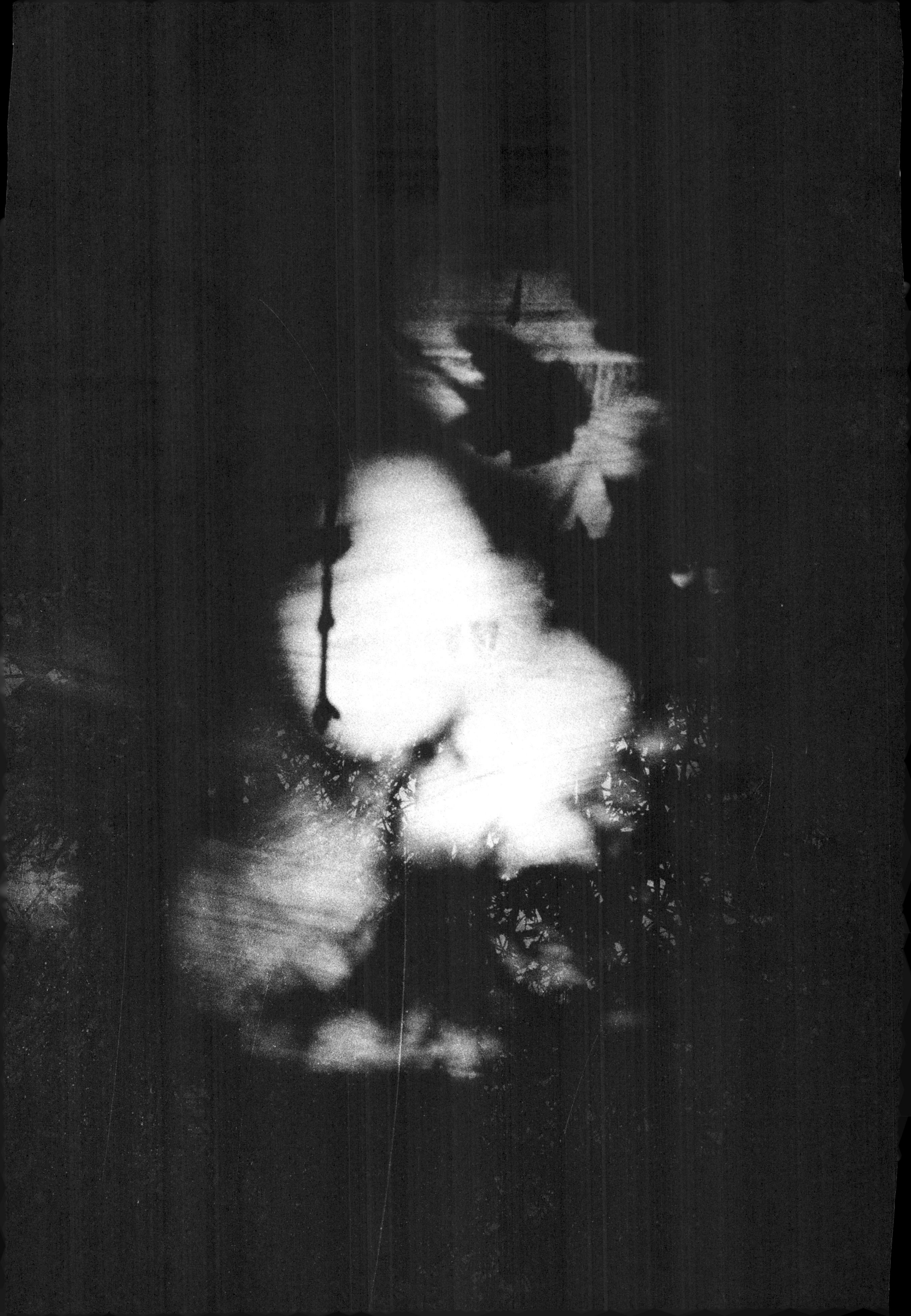

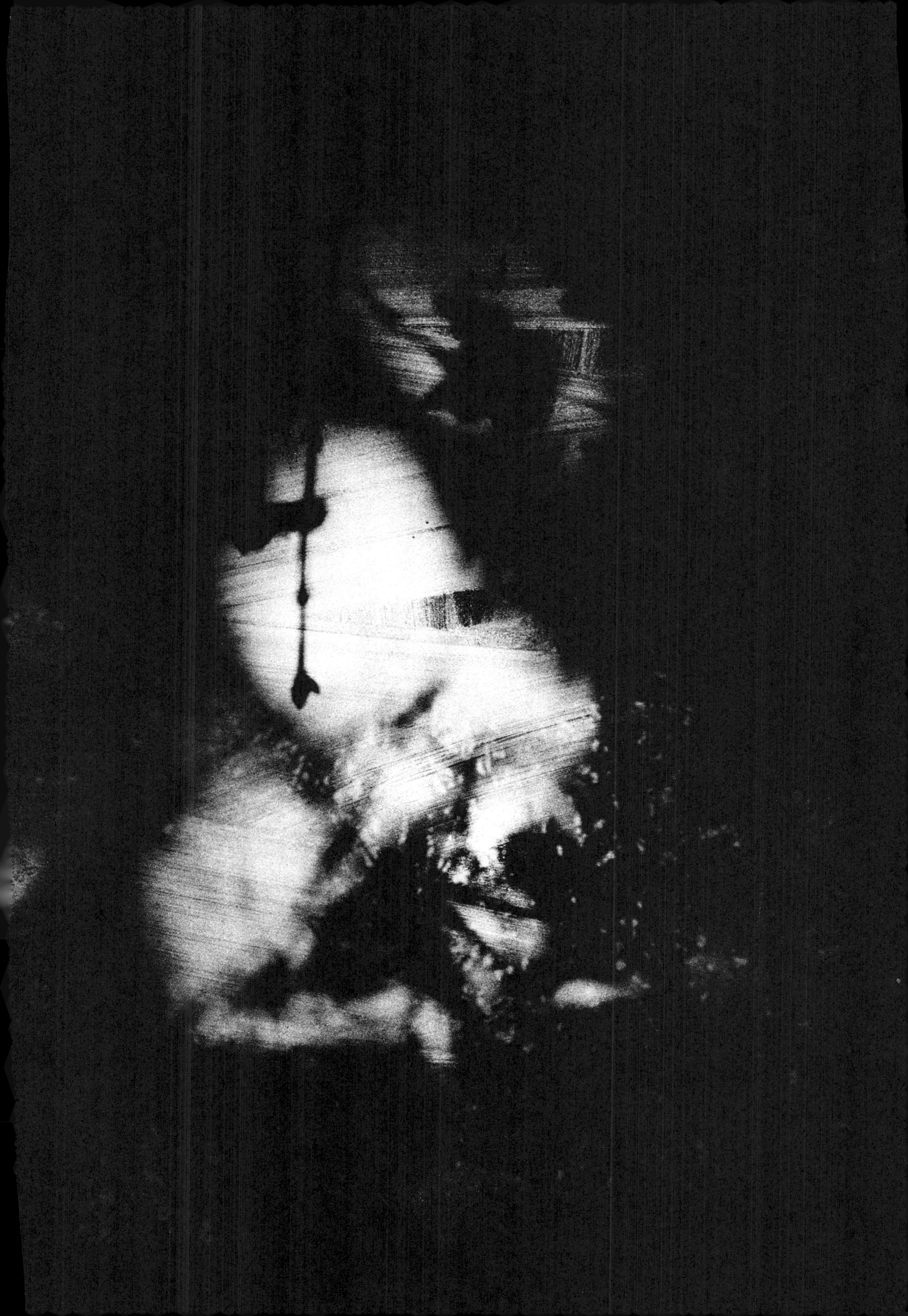

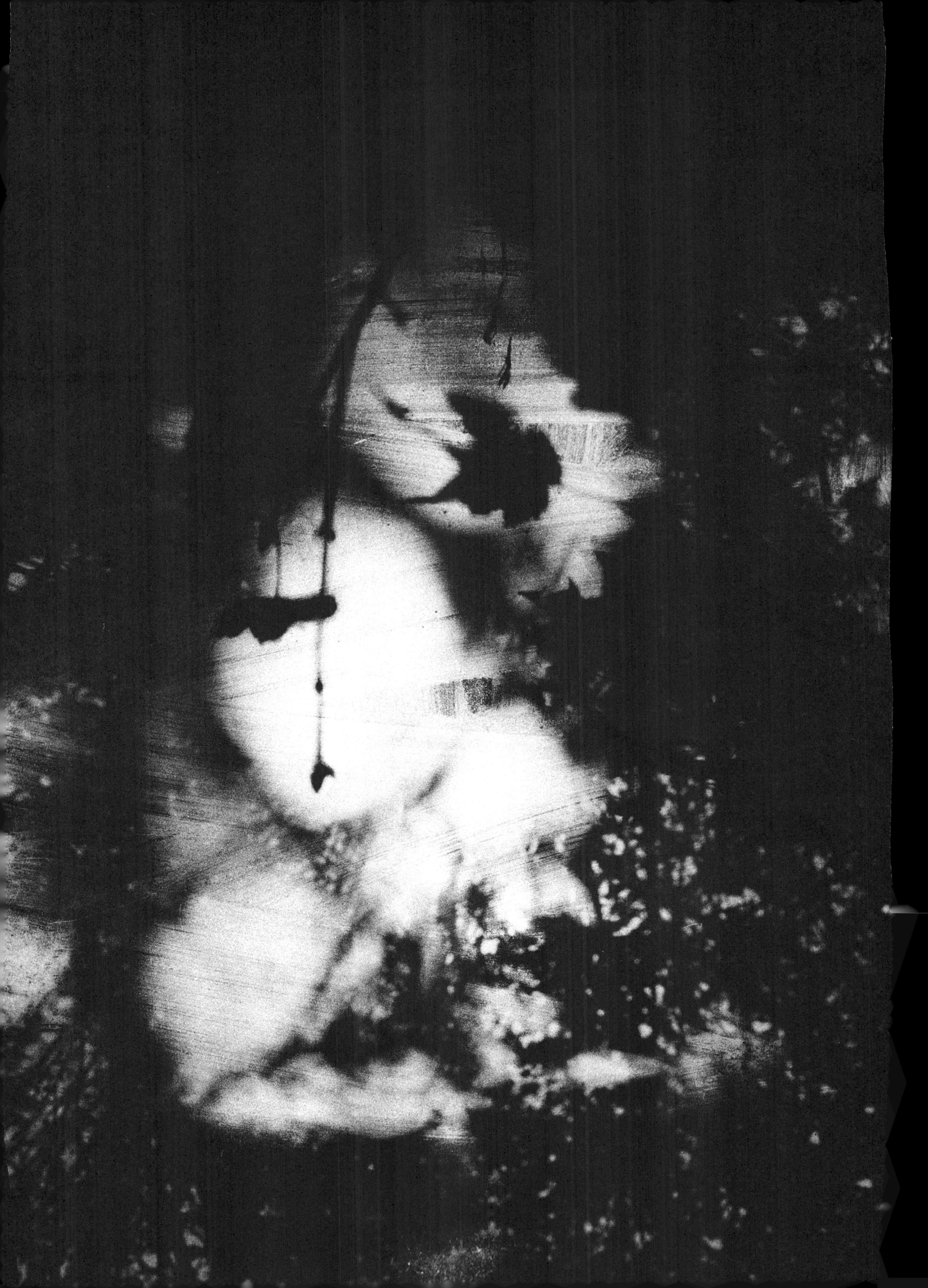

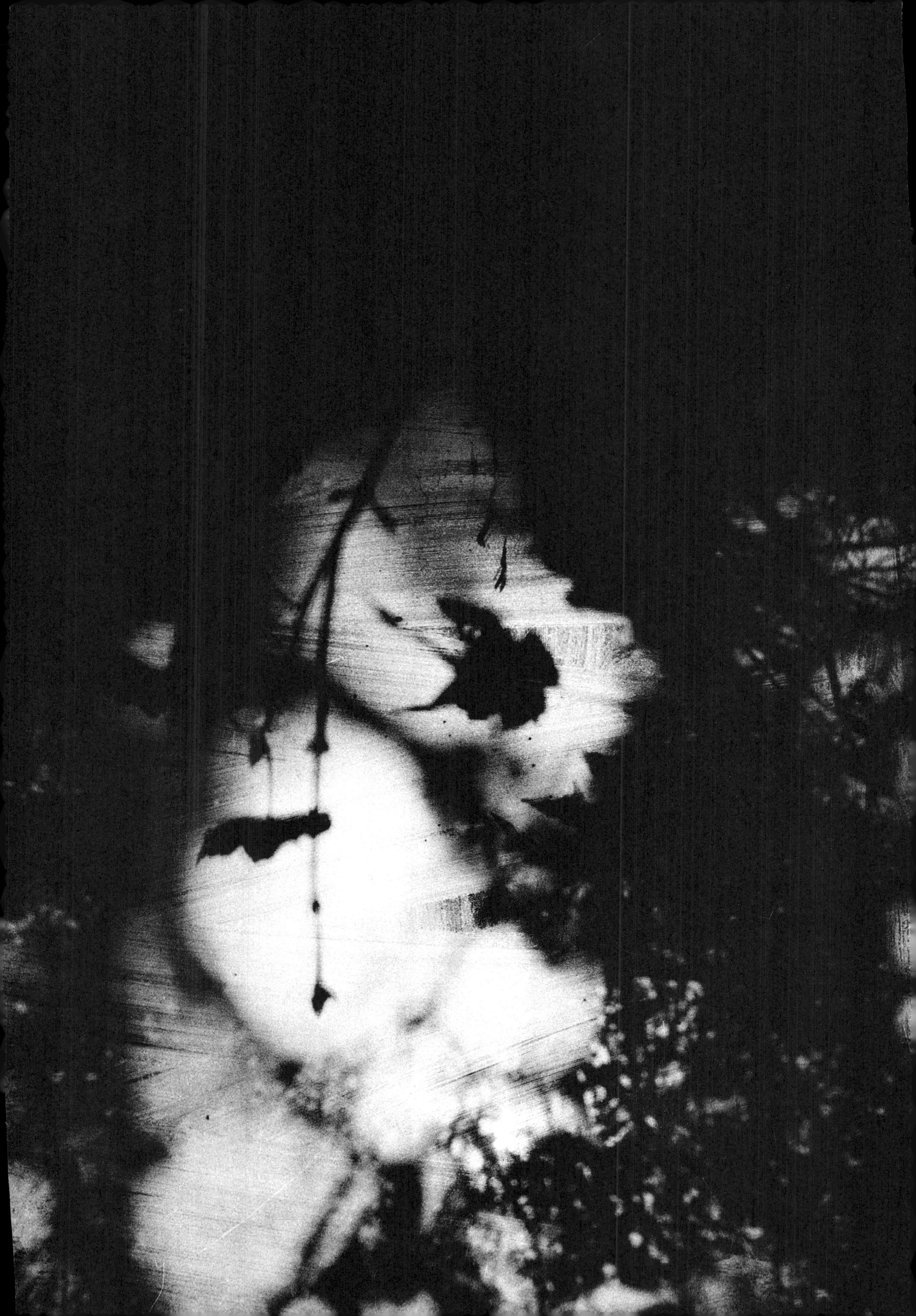

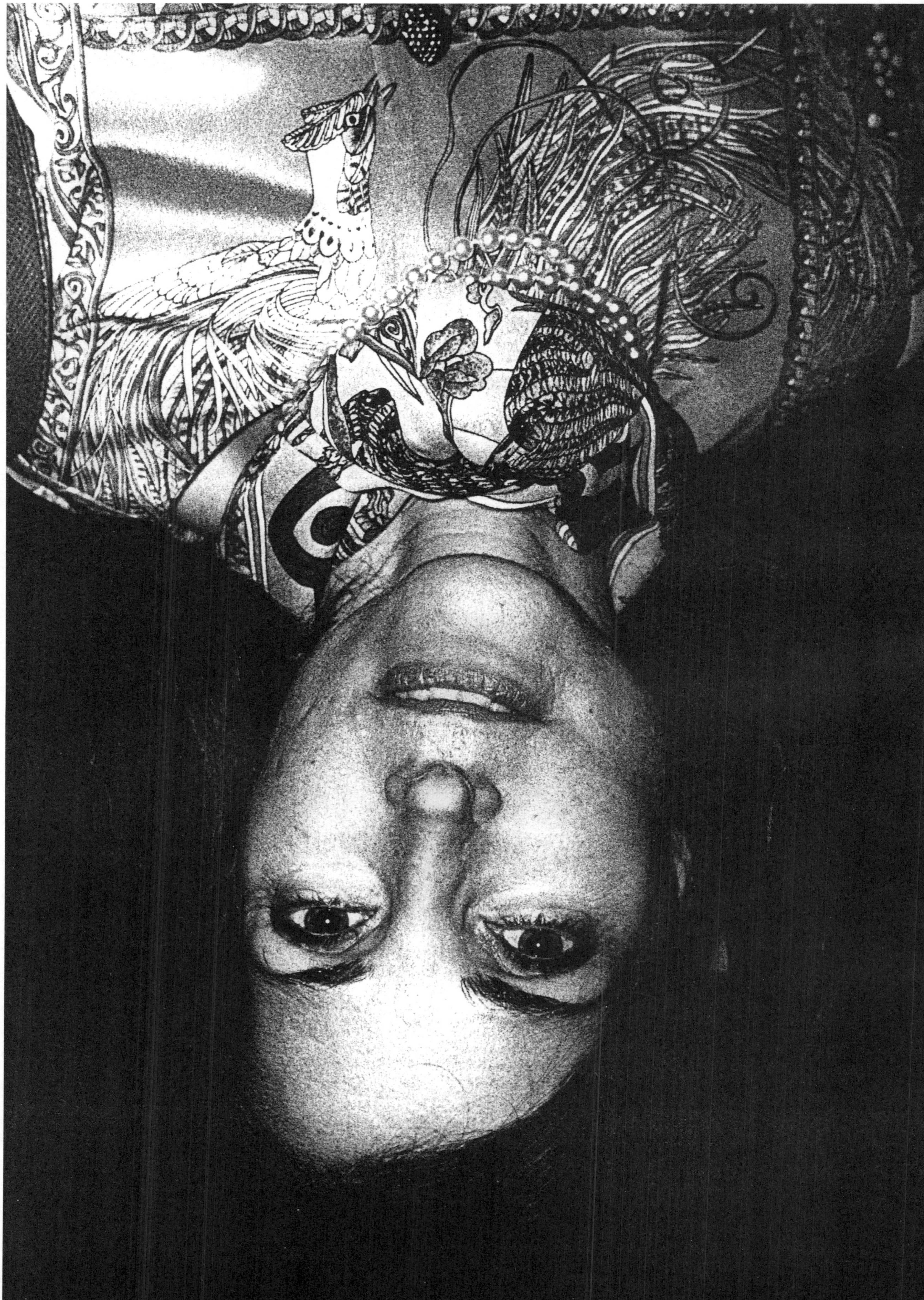

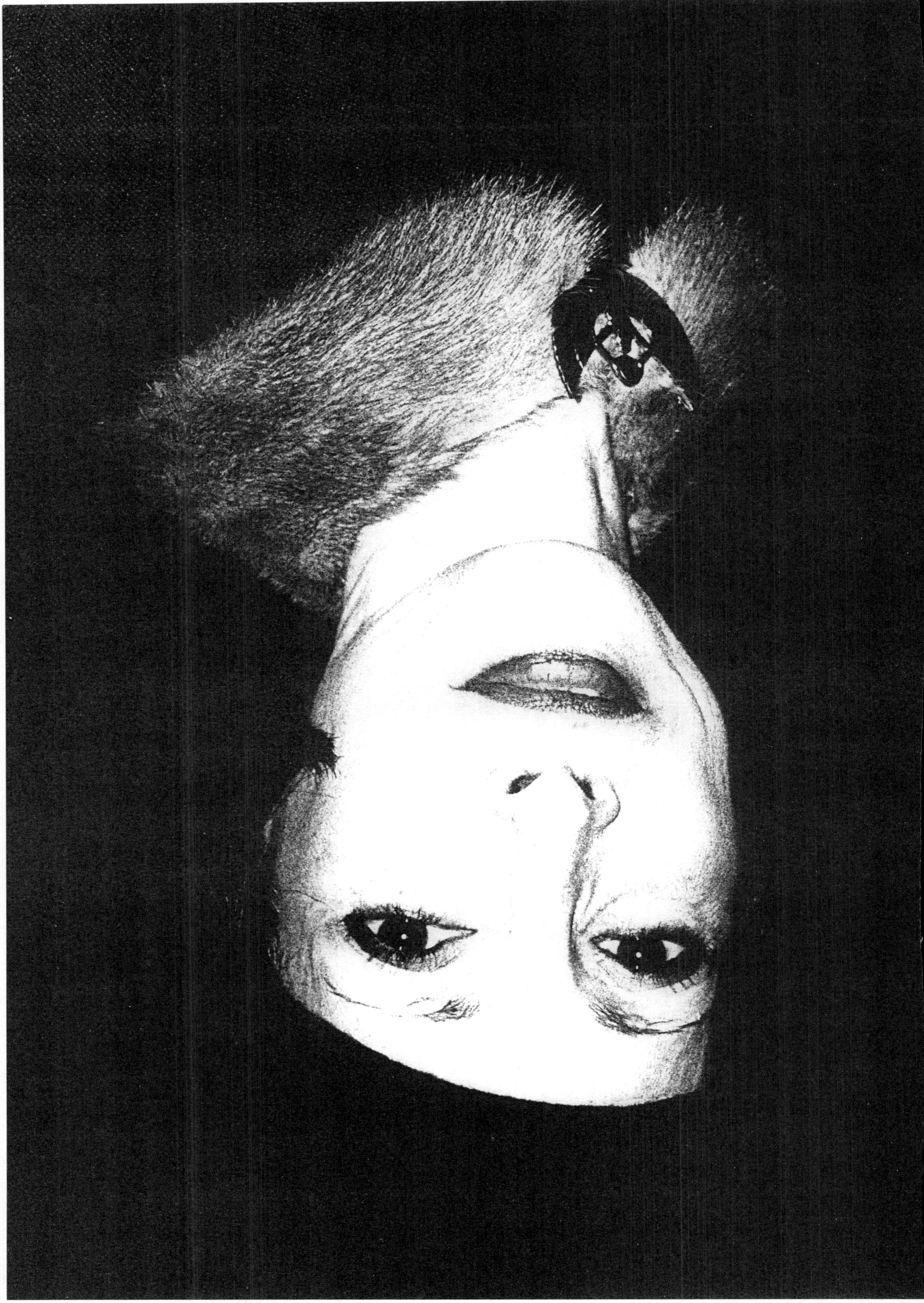

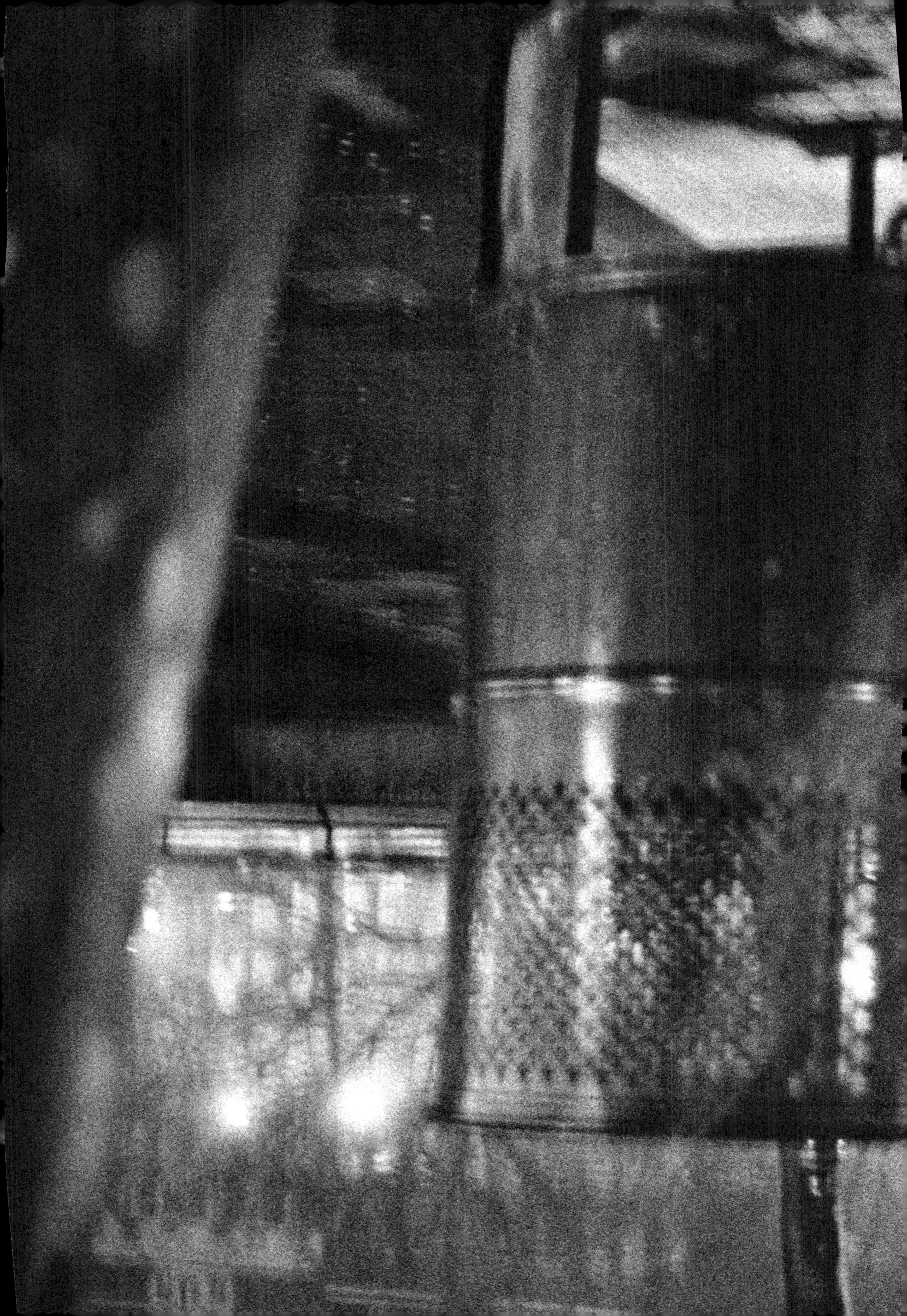

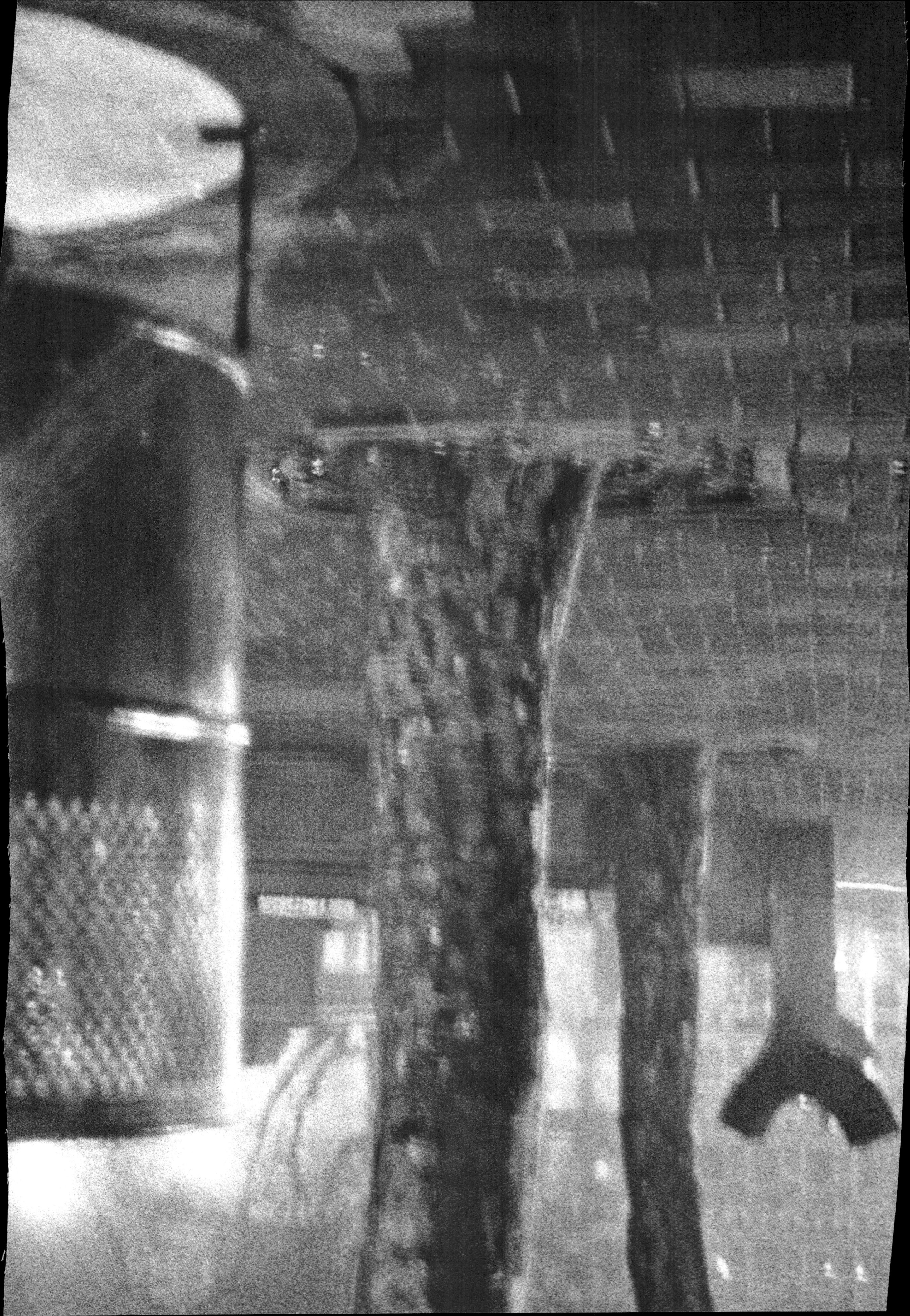

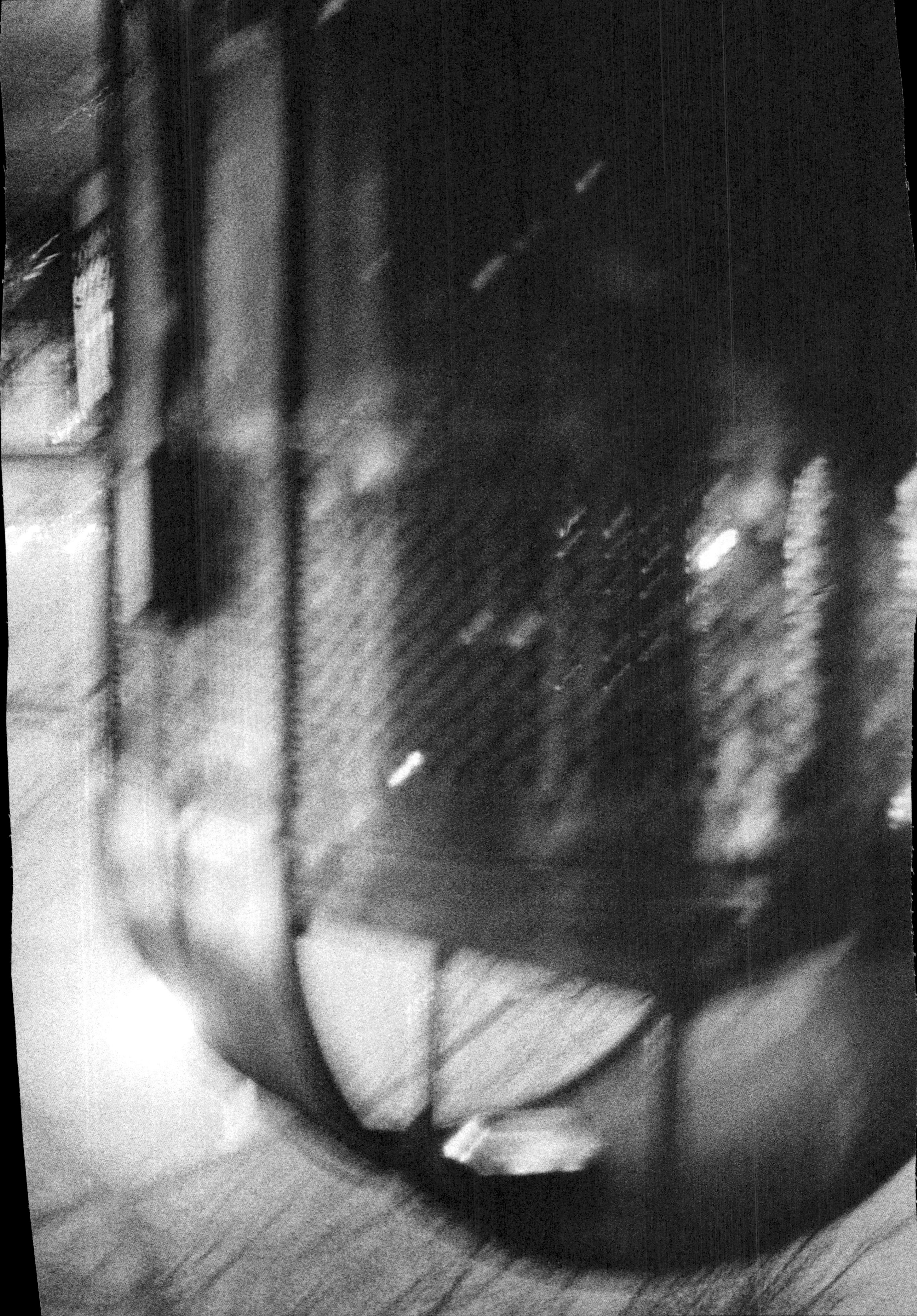

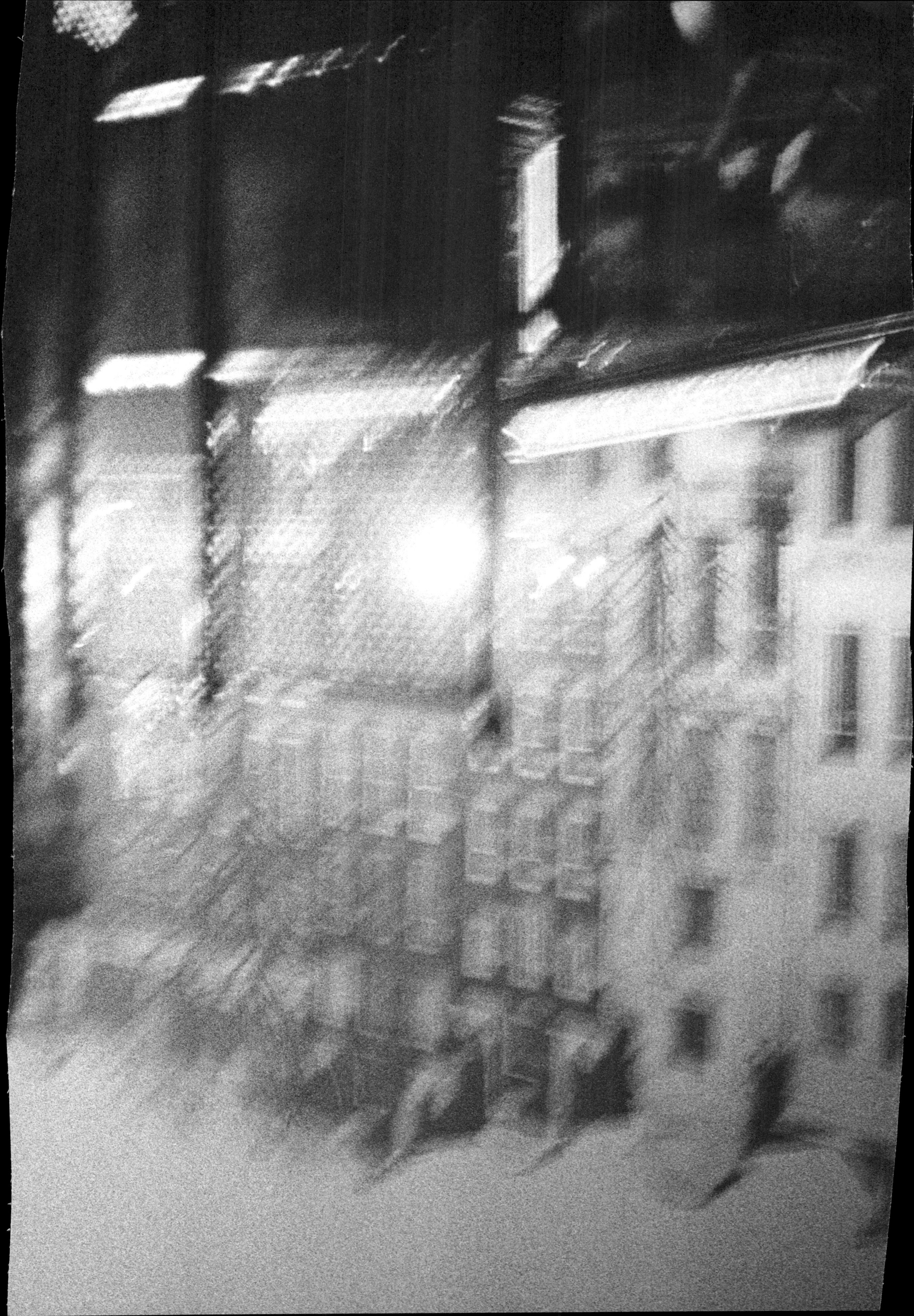

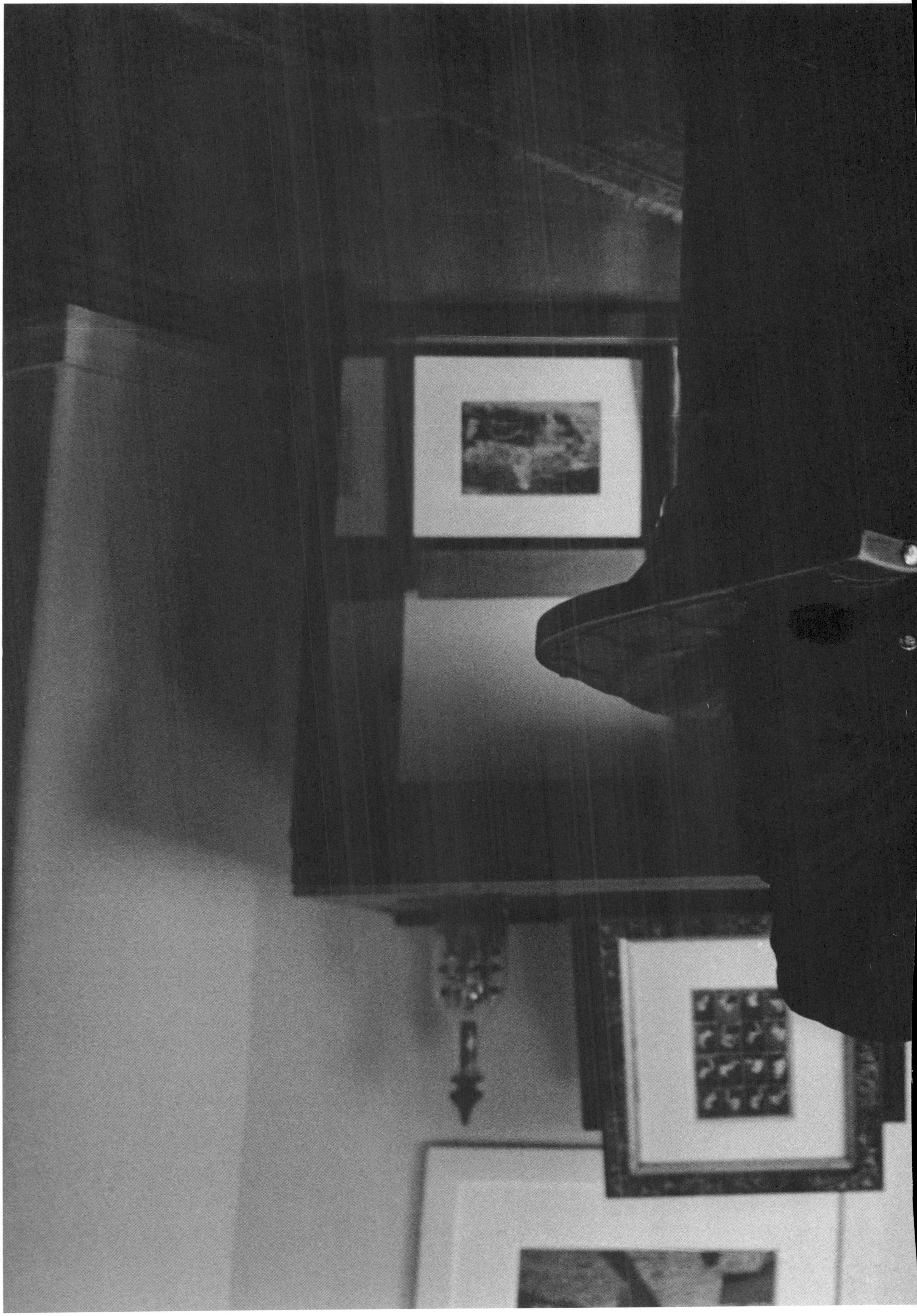

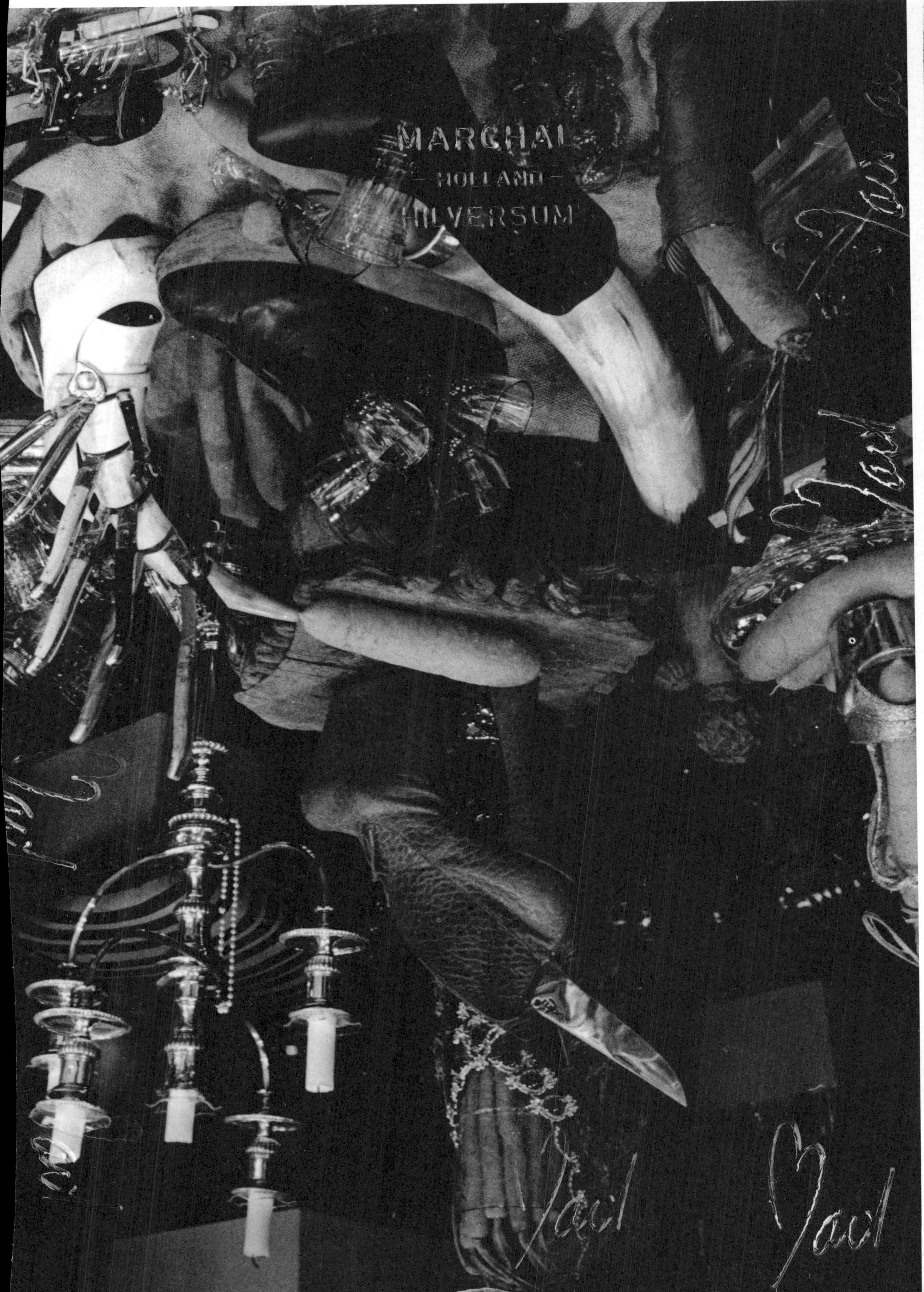
MARCHAL
HOLLAND
HILVERSUM

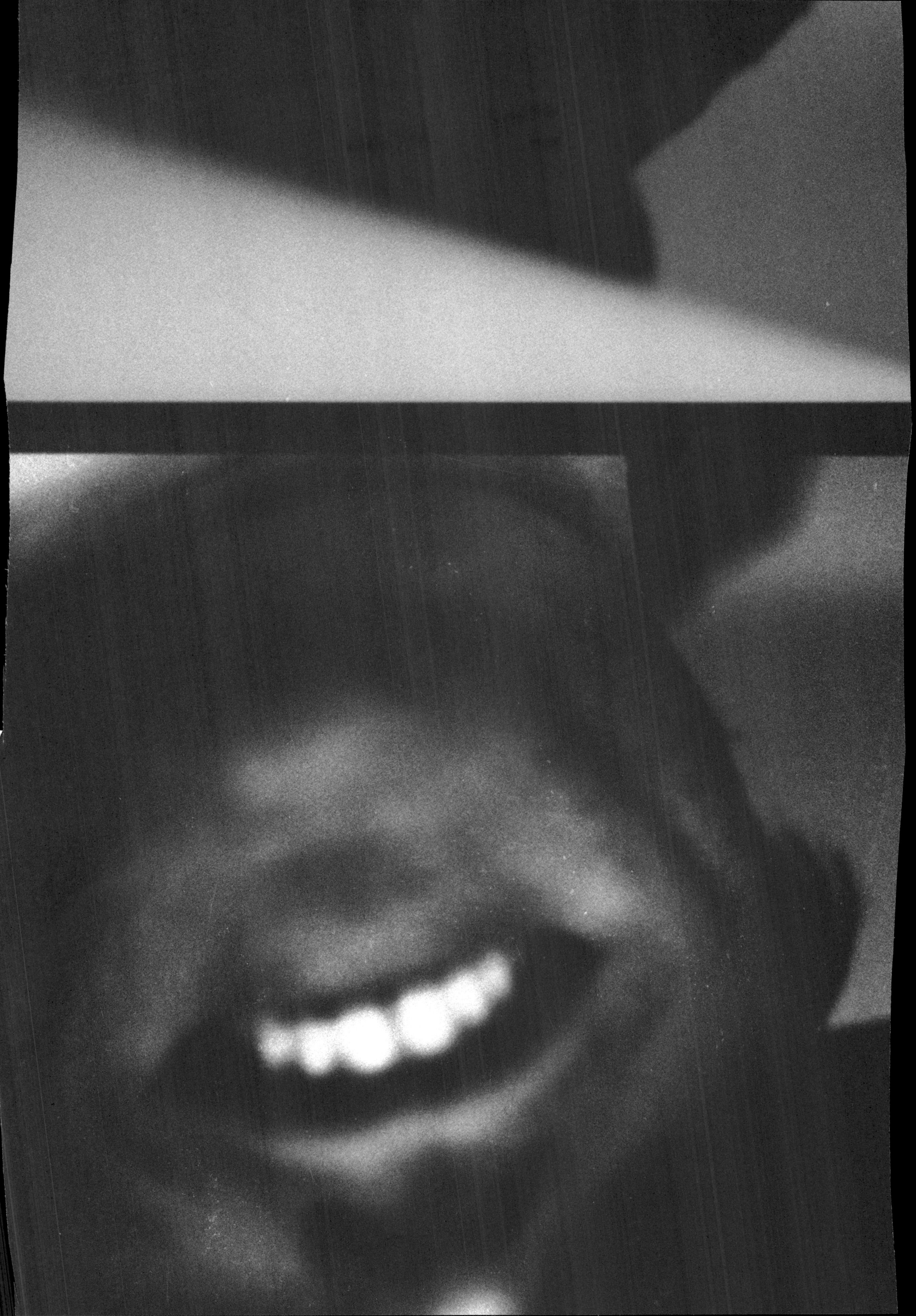

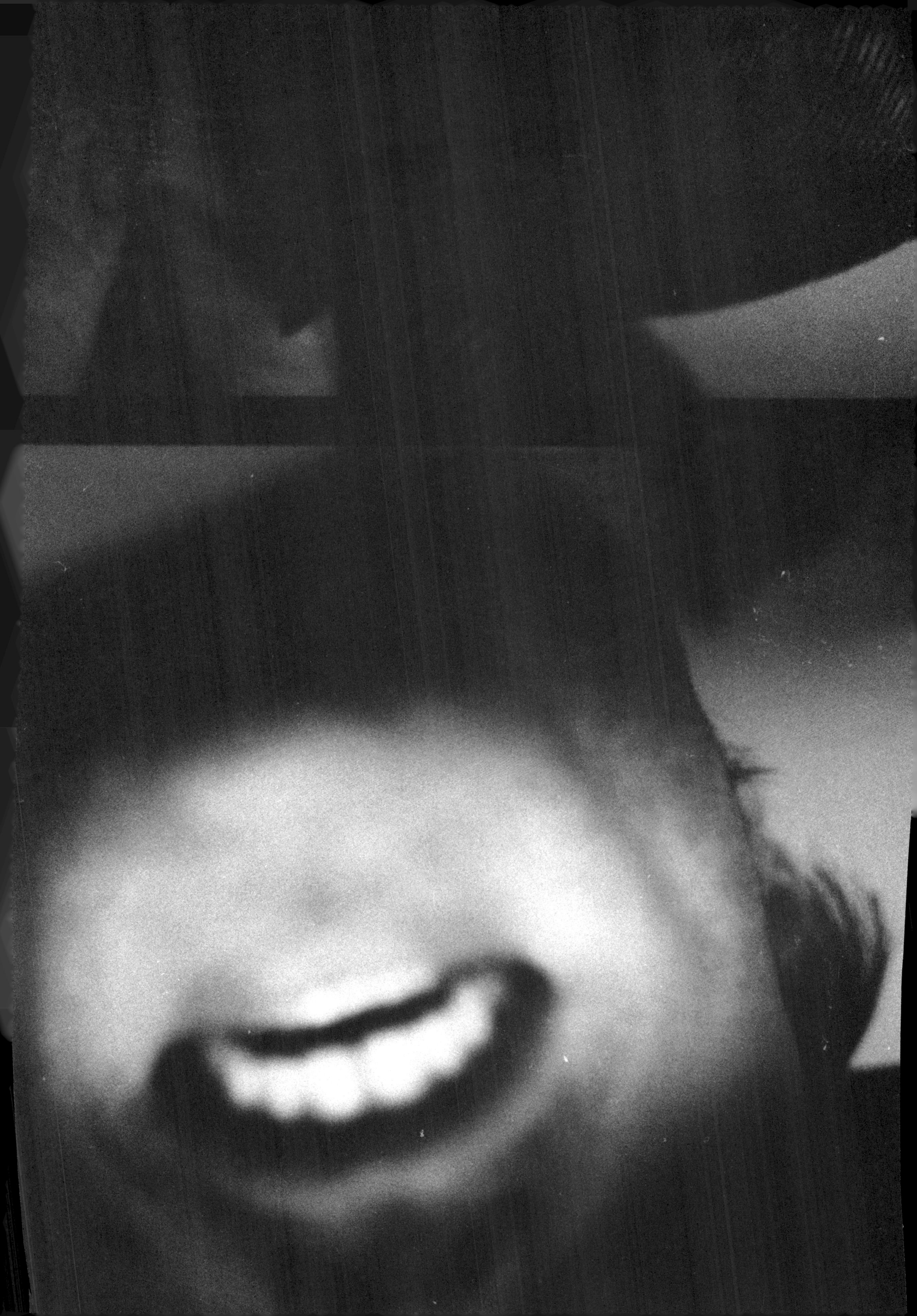

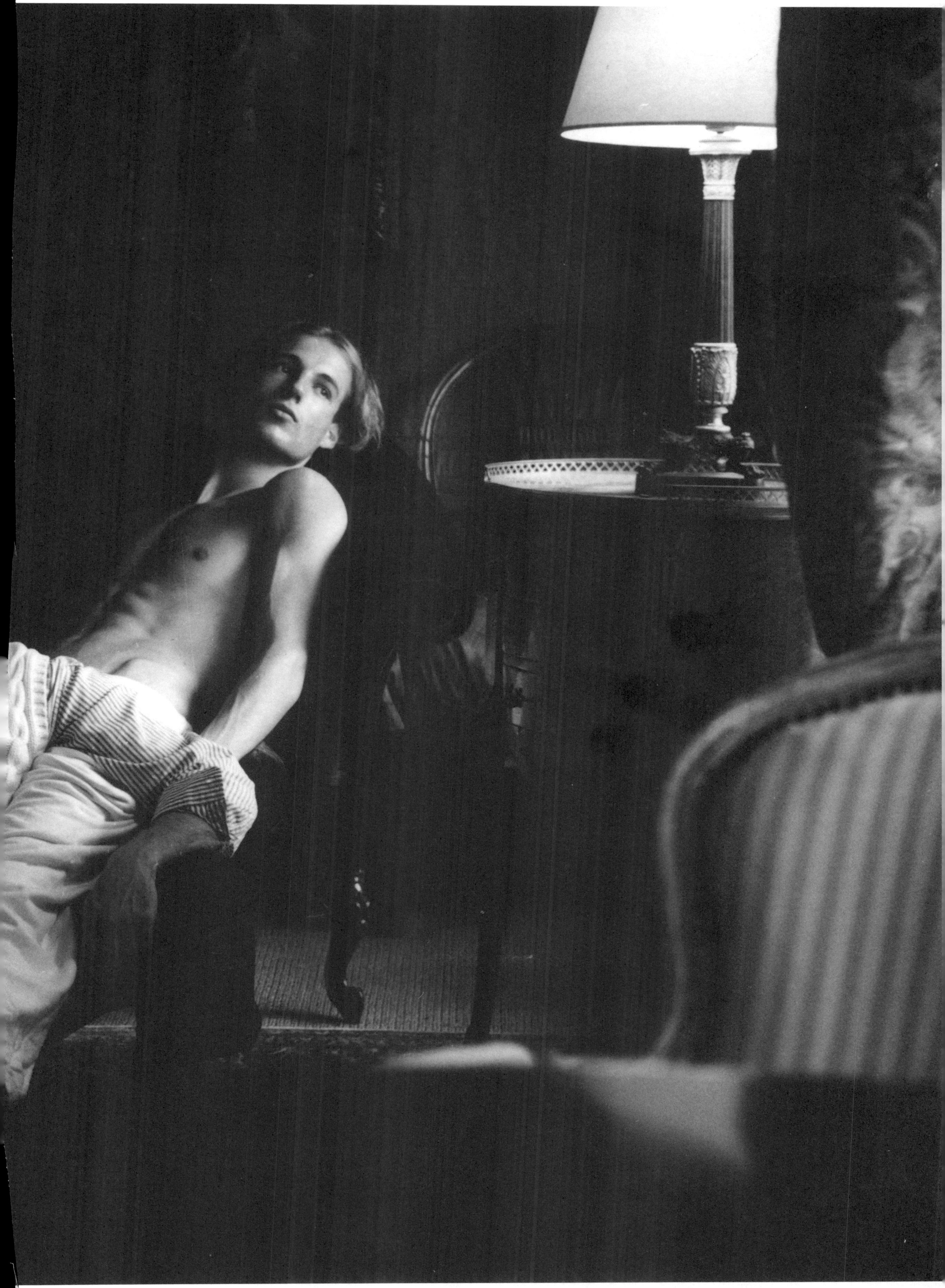

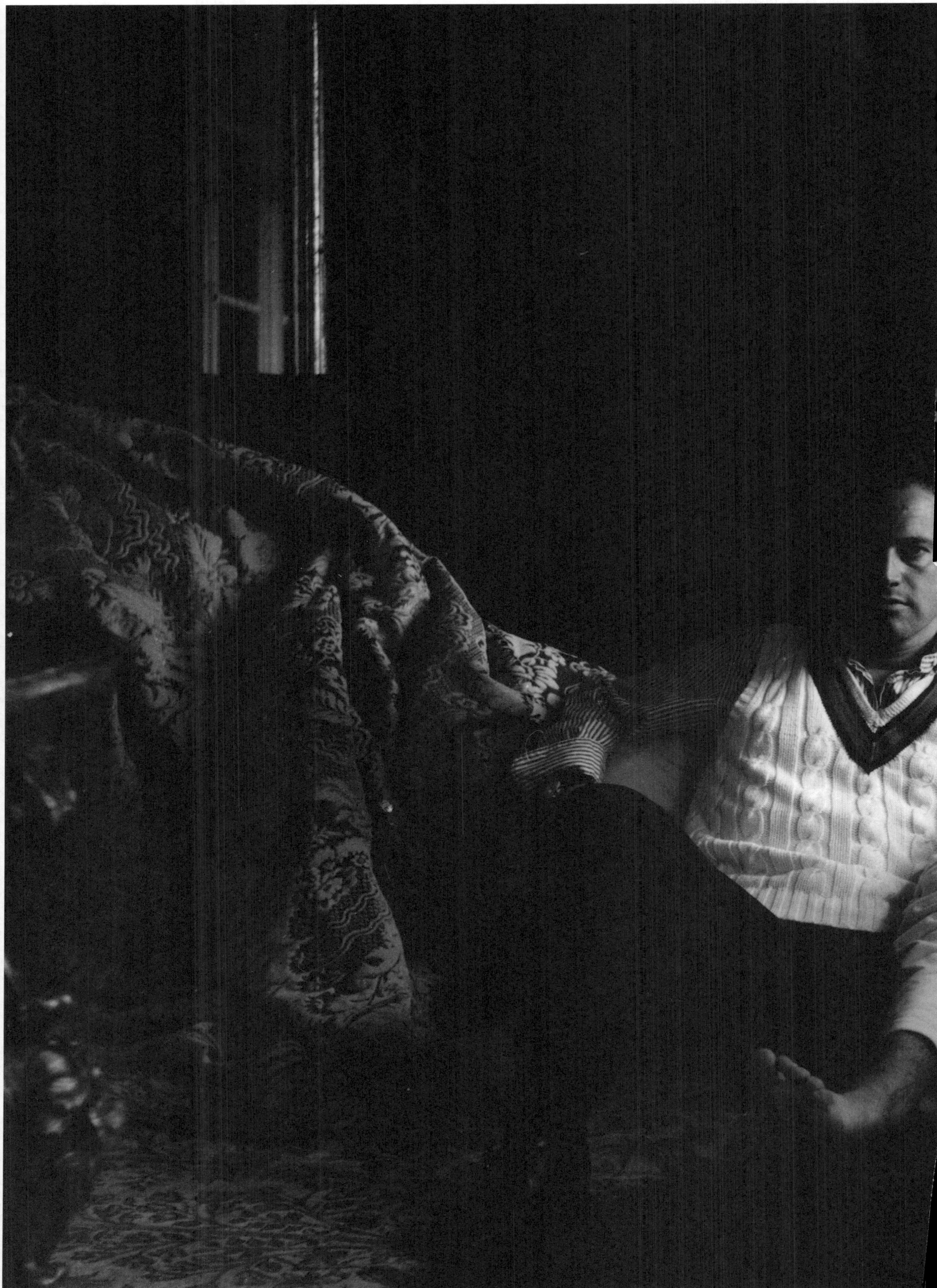

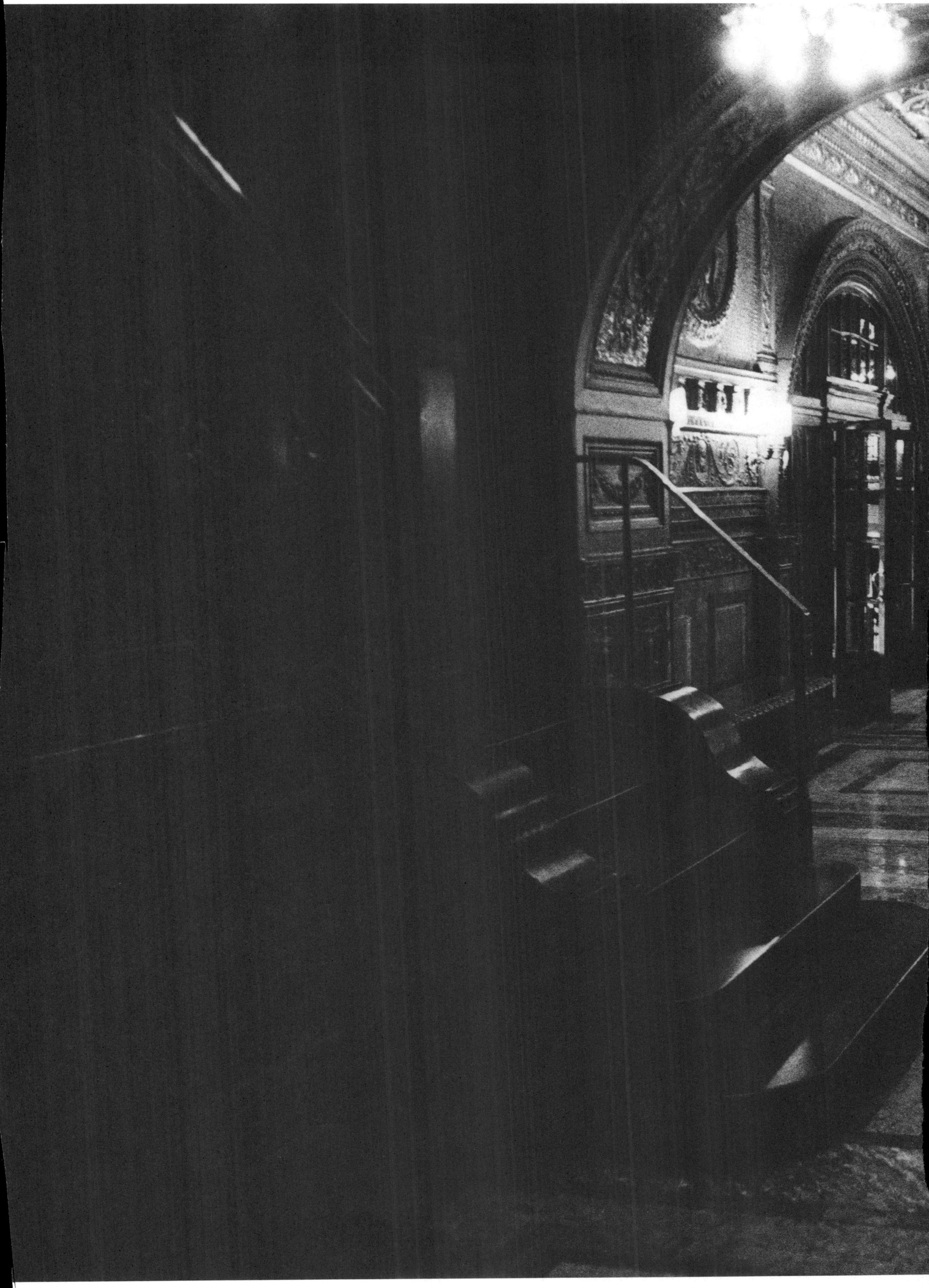

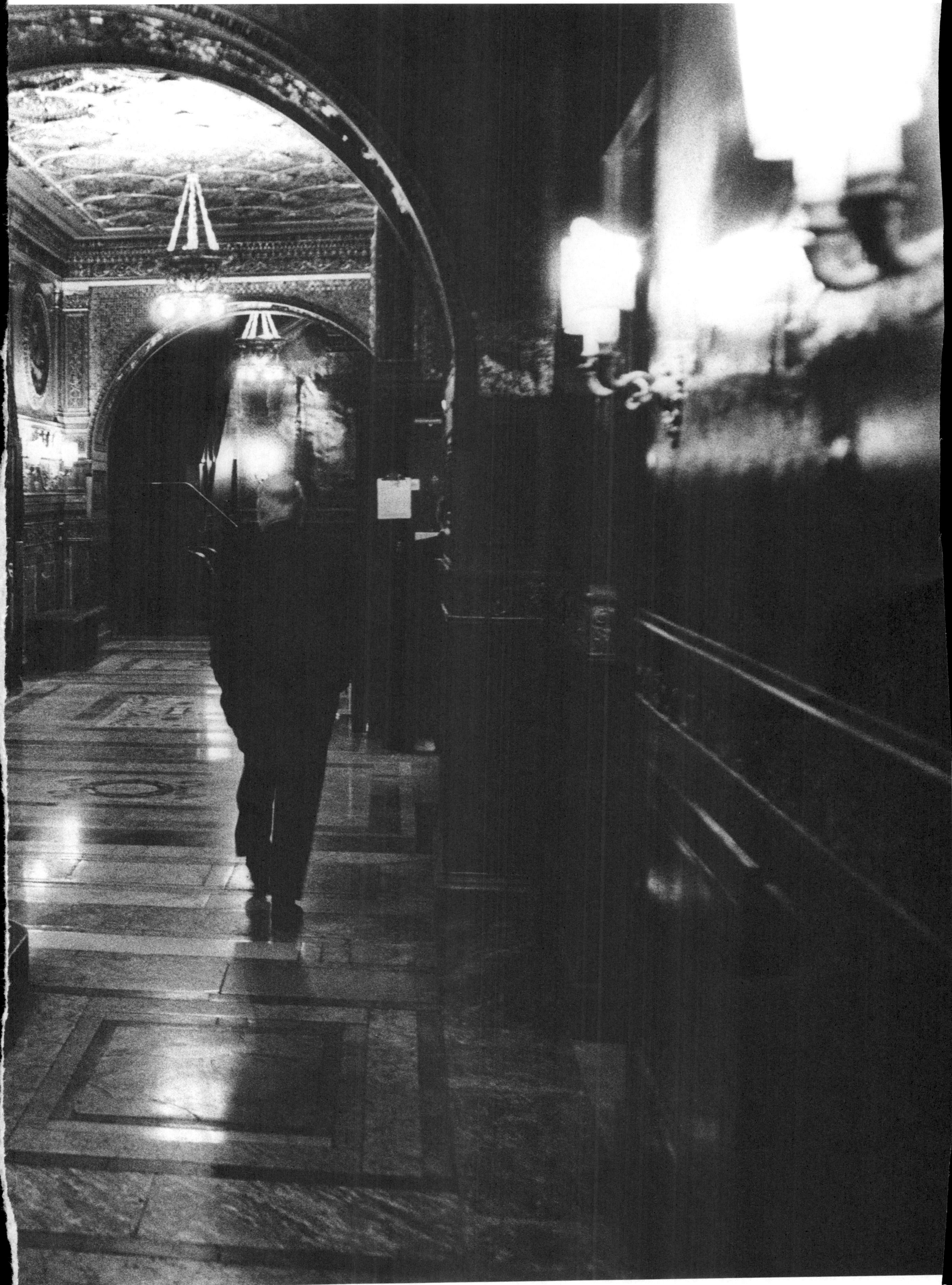

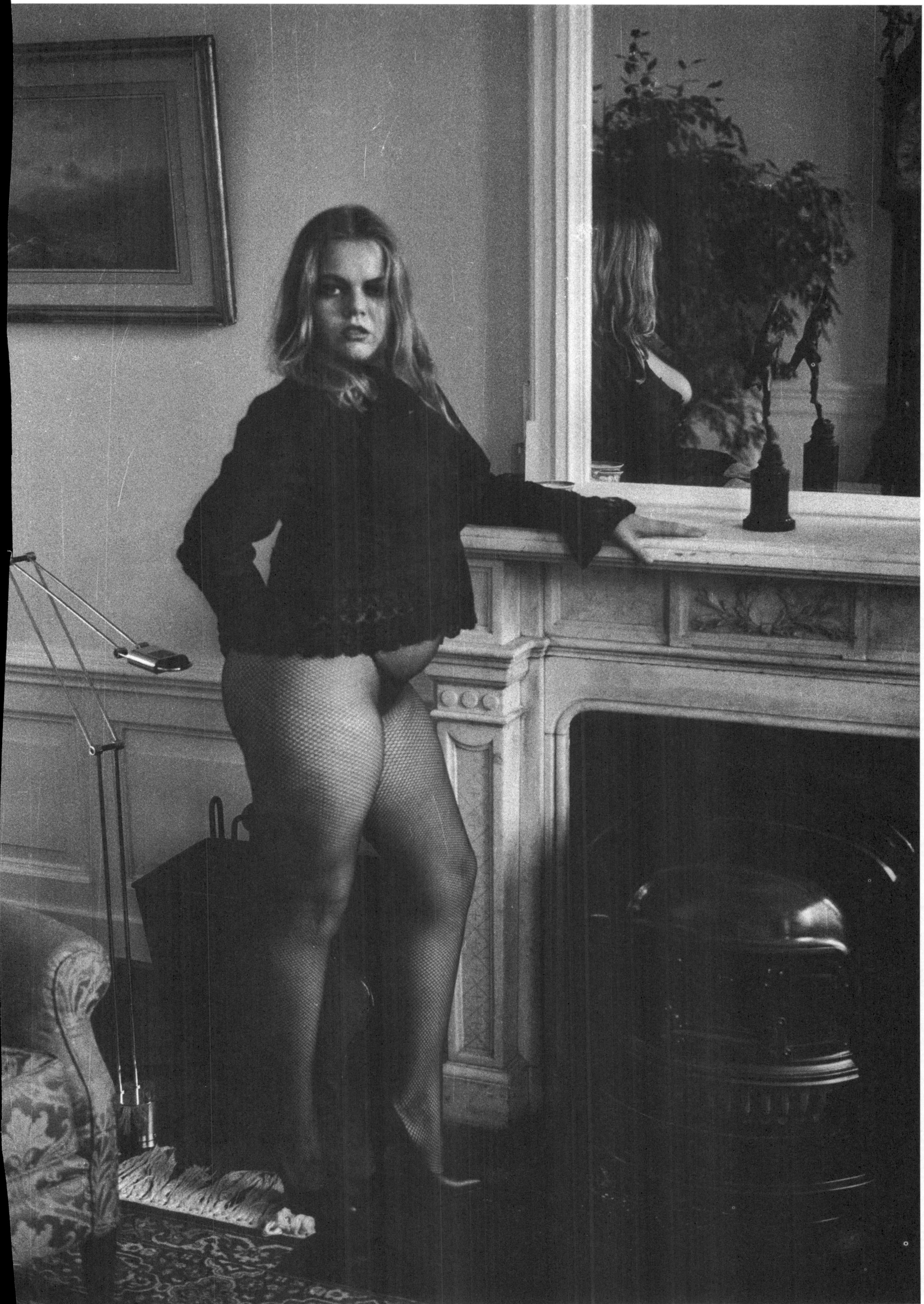

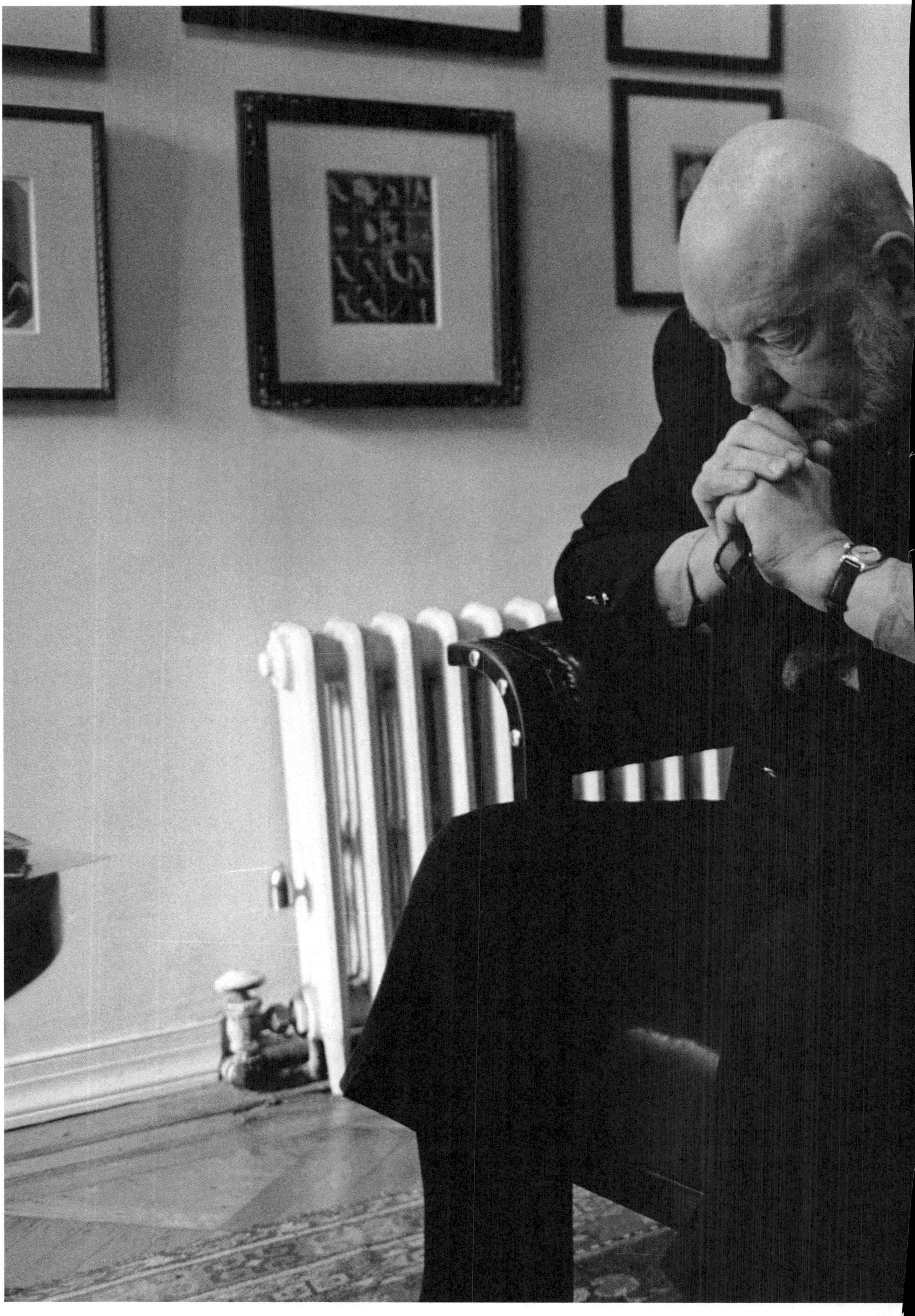